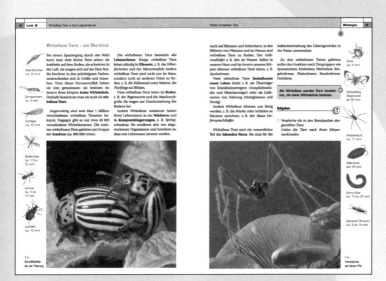

Inhaltsseiten

Diese Seiten vermitteln dir – unterstützt durch **Merksätze,** Tabellen und Übersichten – biologisches Grundlagenwissen über wichtige Begriffe, Gesetze, Erscheinungen und Zusammenhänge.

Ergänzendes und Vertiefendes bietet zusätzliche Informationen.

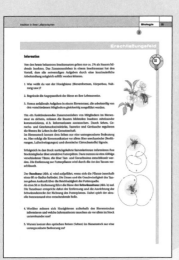

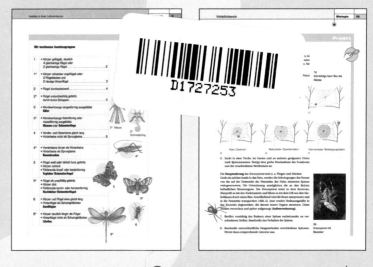

Erschließungsfeld

Diese Seiten helfen dir, allgemeingültige Zusammenhänge (z. B. Information) in der Biologie zu erkennen und sie – unterstützt durch Aufgaben – auf neue Erscheinungen anzuwenden.

Methoden

Für die Biologie charakteristische Denk- und Arbeitsmethoden zeigen dir, wie du bei bestimmten Tätigkeiten (z. B. Erklären, Beobachten, Beschreiben, Vergleichen, Experimentieren, Protokollieren, Bestimmen) schrittweise vorgehen kannst.

Projekte und fächerverbindendes Thema

Diese Seiten sollen dich zum selbstständigen Bearbeiten ausgewählter Themen anregen, die eine Verbindung zwischen verschiedenen Fächern herstellen.

hran

Link » Biologie

6

Lehrbuch für die Klasse 6
Mittelschule Sachsen

DUDEN PAETEC Schulbuchverlag

Berlin

Herausgeber
Dr. Axel Goldberg
Dr. Edeltraud Kemnitz

Autoren

Ralf Ballmann
Dr. Axel Goldberg
Dr. Dieter Herold
Prof. Dr. habil. Frank Horn
Dr. Edeltraud Kemnitz
Irene Manig

Dr. habil. Christa Pews-Hocke
Dr. Helmut Schneider
Peter Scholvien
Ralph Schubert
Birgit Weidemann
Prof. Dr. habil. Erwin Zabel

Berater
Ralph Schubert, Pirna

Redaktion Dr. Edeltraud Kemnitz
Gestaltungskonzept und Umschlag Simone Hoschack
Layout Simone Hoschack, Angela Richter, Marion Schneider
Zeichnungen Christiane Gottschlich, Martha-Luise Gubig, Christiane Mitzkus,
Walther-Maria Scheid, Sybille Storch

www.duden-schulbuch.de

Dieses Werk enthält Vorschläge und Anleitungen für Untersuchungen und Experimente.
Vor jedem Experiment sind mögliche Gefahrenquellen zu besprechen.
Beim Experimentieren sind die Richtlinien zur Sicherheit im naturwissenschaftlichen Unterricht
einzuhalten.

Die Links zu externen Webseiten Dritter wurden vor Drucklegung sorgfältig auf ihre Aktualität
geprüft. Für die Inhalte der Internetangebote Dritter, deren Verknüpfung zu anderen Internetan-
geboten und Änderungen der unter der jeweiligen Internetadresse angebotenen Inhalte übernimmt
der Verlag keinerlei Haftung.

1. Auflage, 4. Druck 2014

Alle Drucke dieser Auflage sind inhaltlich unverändert und können im Unterricht nebeneinander
benutzt werden.

© 2005 Duden Paetec GmbH, Berlin
© 2014 Cornelsen Schulverlage GmbH, Berlin

Das Werk und seine Teile sind urheberrechtlich geschützt. Jede Nutzung in anderen als den gesetz-
lich zugelassenen Fällen bedarf der vorherigen schriftlichen Einwilligung des Verlages.
Hinweis zu den §§ 46, 52 a UrhG: Weder das Werk noch seine Teile dürfen ohne eine solche Einwilligung eingescannt und in ein Netzwerk eingestellt oder sonst öffentlich zugänglich gemacht werden. Dies gilt auch für Intranets von Schulen und sonstigen Bildungseinrichtungen.

Das Wort **Duden** ist für den Verlag Bibliographisches Institut GmbH als Marke geschützt.

Druck: Mohn Media Mohndruck, Gütersloh

ISBN 978-3-89818-459-5

PEFC zertifiziert
Dieses Produkt stammt aus nachhaltig
bewirtschafteten Wäldern und kontrollierten
Quellen.

PEFC™
PEFC/04-31-1033

www.pefc.de

Inhaltsverzeichnis

1

Samenpflanzen

(1)

Pflanzenfamilien

270 Millionen Jahre ▸▸ Die ersten Samenpflanzen sind schon vor sehr langer Zeit, vor über 270 Millionen Jahren, entstanden. Wichtig für den Menschen sind sie vor allem deshalb, weil die meisten unserer Nutzpflanzen zu den Samenpflanzen gehören.

Ordnung von Pflanzen ▸▸ Es gibt ca. 235 000 verschiedene Arten von Samenpflanzen. Um diese Vielfalt übersichtlich zu gestalten, hat man sie aufgrund von Merkmaien (Stängel, Blattform, Blütenform) in verschiedene Pflanzenfamilien geordnet.

Artenreichtum ▸▸ Zu den Pflanzenfamilien mit sehr vielen Arten gehören z. B. die Korbblütengewächse mit ca. 21 000 Arten oder die Orchideen mit ca. 18 500 Arten.
Zu den Lippenblütengewächsen gehören etwa 3 500 Arten.

Familie der Lippenblütengewächse

Merkmale der Lippenblütengewächse

Lippenblüte

vierteiliger Fruchtknoten

vierkantige Sprossachse

gekreuzt-gegenständig angeordnete Laubblätter

Wenn man eine *Rapspflanze* mit einer *Weißen Taubnessel* vergleicht, findet man Gemeinsamkeiten, aber auch Unterschiede.

Beide Pflanzen sind in **Wurzel** und **Spross** mit Sprossachse, Laubblätter und Blüten gegliedert. Beide Pflanzen bilden im Verlauf ihres Lebens Früchte und Samen aus. Deshalb gehören beide Pflanzen auch zu den **Samenpflanzen.**

Betrachtet man nun die einzelnen Organe beider Pflanzen genauer, fallen die Unterschiede deutlich auf. Blüten, Laubblätter und Sprossachse sind unterschiedlich gestaltet. Deshalb gehören sie verschiedenen **Pflanzenfamilien** an. Der *Raps* gehört zu den Kreuzblütengewächsen, die *Weiße Taubnessel* dagegen zu den Lippenblütengewächsen.

Zur Familie der **Lippenblütengewächse** gehören noch etwa 3 500 andere Pflanzenarten, z. B. *Gemeiner Thymian, Wiesen-Salbei, Wald-Ziest, Goldnessel.*

Obwohl sie sich z. B. in der Farbe der Blüten oder in der Größe unterscheiden, stimmen sie in wesentlichen Merkmalen überein. Die **Blüten** sitzen an den Blattachseln als ähren- oder traubenförmige Blütenstände. Jede Blüte besitzt

- 5 Kronblätter. Davon bilden 2 Kronblätter die Oberlippe und 3 die Unterlippe. Im unteren Teil sind die 5 Kronblätter zu einer Röhre verwachsen.
- Unterhalb der Oberlippe befinden sich 4 Staubblätter, meist 2 längere und 2 kürzere, sowie 2 Fruchtblätter mit Narbe, Griffel und oberständigem Fruchtknoten. Das Fruchtblatt ist der weibliche Teil der Blüte. Der Fruchtknoten ist viergeteilt. Aus ihm bilden sich später vier Teilfrüchte.
- Die Früchte zerfallen in 4 Teilfrüchte mit je einem Samen.
- Die Kelchblätter sind auch miteinander verwachsen. Ihre Spitzen werden als Zähnchen bezeichnet.

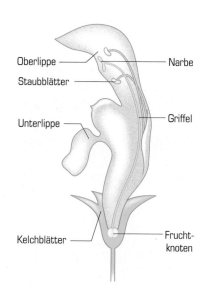

1 ▸ Bau der Lippenblüte (Längsschnitt)

Aufgrund des Baus der Kronblätter werden die Blüten als Lippenblüten bezeichnet. Pflanzen mit solchen Lippenblüten werden in die **Gruppe der Lippenblütengewächse** eingeordnet.

Auch an der Stellung der **Laubblätter** kann man erkennen, ob eine Pflanze zu den Lippenblütengewächsen gehört. Die Laubblätter stehen an der Sprossachse gekreuzt gegenüber. Das kann man gut erkennen, wenn man von oben auf die Pflanze schaut. Die **Sprossachse** ist meist deutlich vierkantig.

Die **Bestäubung** erfolgt hauptsächlich durch Insekten. Wenn sich die Insekten auf der Blüte niederlassen, lösen sie durch ihr Körpergewicht einen Hebelmechanismus aus (s. S. 18).

Aufgaben

1. *Erkläre, warum man Samenpflanzen in Familien einteilen kann.*

2. *Beschreibe die Form der Lippenblüte.*

1

Bedeutung der Lippenblütengewächse

Viele Lippenblütengewächse riechen sehr aromatisch. Das kommt daher, weil ätherische Öle in ihnen enthalten sind. Der Mensch nutzt sie daher als Gewürz-, Heil- und Duftpflanzen.

Als **Gewürzpflanzen** dienen dem Menschen u. a. *Basilikum, Bohnenkraut, Majoran, Rosmarin, Thymian, Salbei, Minze und Zitronenmelisse.*

Mit Teilen dieser Pflanzen (vorwiegend Blätter) werden Fleisch, Fisch oder andere Gerichte gewürzt. Die Verwendung der Gewürze ist dabei regional abhängig. In Italien beispielsweise würzt man viel mehr Gerichte mit *Rosmarin* als bei uns (Abb. 1).

Oft haben diese Pflanzen auch eine bestimmte **Heilwirkung.** Beispielsweise wirkt *Basilikum* appetitanregend, wassertreibend und krampflösend. Tee aus *Pfefferminze* beruhigt einen nervösen Magen, *Thymiantee* mit Honig hilft gegen Husten

und ist schleimlösend. Auch bei Zahnfleischentzündungen hilft *Thymian.*

Heilsalbei wirkt u. a. bakterien- und entzündungshemmend. Deshalb wird er z. B. bei Halsentzündungen als Gurgelmittel eingesetzt. Aufgrund der Wirkstoffe darf man *Heilsalbei* in hoher Dosis nicht über einen längeren Zeitraum einnehmen.

Die Öle, die in vielen Lippenblütengewächsen enthalten sind, werden außerdem auch in der **Kosmetikindustrie** verwendet. Sie sind Bestandteil in Badezusätzen und in Parfüms.

Mit *Lavendelblüten* werden kleine Kissen gefüllt und als Duftkissen verwendet. Der Geruch hält z. B. Motten im Kleiderschrank fern. *Rosmarin* ist z. B. heute noch Bestandteil des Kölnisch Wassers.

Aufgaben (?)

3. *Stelle einen Steckbrief eines Lippenblütengewächses auf. Gehe dabei auf den Aufbau und die Verwendung der Pflanzen ein.*

Ätherische Öle sind Stoffe, die einen angenehmen Duft haben. Als aromatisch bezeichnet man einen Stoff, der einen ganz bestimmten Geruch, z.B. würzig, holzig, oder Geschmack hat.

1 ▶ Rosmarin – früher als Heilpflanze begehrt, heute wird ihr Öl genutzt.

Methoden

Wir bestimmen einige Lippenblütengewächse

1	• Krone scheinbar einlippig, Unterlippe mit 3 Lappen 2
1*	• Krone deutlich zweilippig (Ober- und Unterlippe) 3
2	• Pflanze mit Ausläufern • Stängel und Blätter fast kahl oder kurzhaarig **Kriech-Günsel**
2*	• Pflanze ohne Ausläufer • Stängel und Blätter dicht behaart **Heide-Günsel**
3	• Blüten mit 2 Staubblättern. 4
3*	• Blüten mit 4 Staubblättern (2 längere, 2 kürzere). . .5
4	• Stängel am Grunde holzig • Blätter lanzettlich, schwach gekerbt, stängelständig • Blüten hellviolett **Echter Salbei**
4*	• Stängel am Grunde krautig • Blätter eiförmig zugespitzt, größtenteils grundständig • Blüten dunkelblau **Wiesen-Salbei**
5	• Oberlippe der Blütenkrone flach 6
5*	• Oberlippe der Blütenkrone helmartig gewölbt 7

1

Wir bestimmen einige Lippenblütengewächse

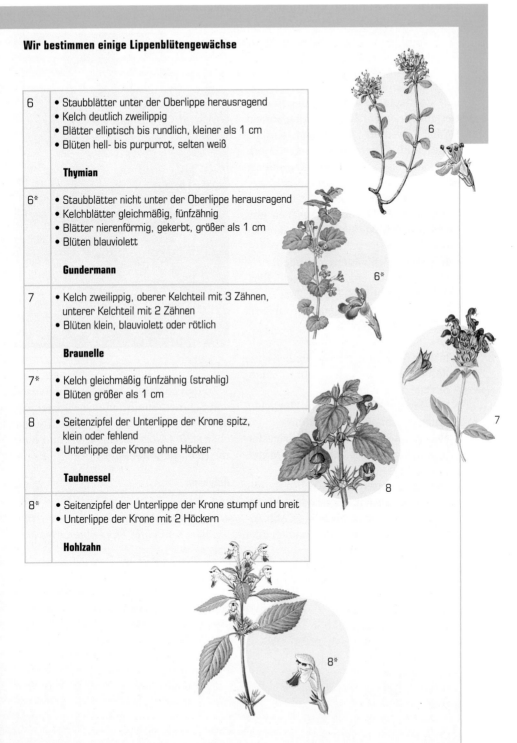

6	• Staubblätter unter der Oberlippe herausragend • Kelch deutlich zweilippig • Blätter elliptisch bis rundlich, kleiner als 1 cm • Blüten hell- bis purpurrot, selten weiß **Thymian**
6*	• Staubblätter nicht unter der Oberlippe herausragend • Kelchblätter gleichmäßig, fünfzähnig • Blätter nierenförmig, gekerbt, größer als 1 cm • Blüten blauviolett **Gundermann**
7	• Kelch zweilippig, oberer Kelchteil mit 3 Zähnen, unterer Kelchteil mit 2 Zähnen • Blüten klein, blauviolett oder rötlich **Braunelle**
7*	• Kelch gleichmäßig fünfzähnig (strahlig) • Blüten größer als 1 cm
8	• Seitenzipfel der Unterlippe der Krone spitz, klein oder fehlend • Unterlippe der Krone ohne Höcker **Taubnessel**
8*	• Seitenzipfel der Unterlippe der Krone stumpf und breit • Unterlippe der Krone mit 2 Höckern **Hohlzahn**

Familie der Schmetterlingsblütengewächse

Vergleicht man die Blüte einer *Taubnessel* z. B. mit der Blüte von der *Garten-Erbse*, fallen sofort große Unterschiede auf. Die Blüte der *Garten-Erbse* hat u. a. verschieden gestaltete Kronblätter, die in ihrer Gesamtheit einem Schmetterling ähneln. Deshalb werden Samenpflanzen, die dieses und weitere gemeinsame Merkmale aufweisen, **Schmetterlingsblütengewächse** genannt.

Pflanzen dieser Familie besitzen eine Reihe von charakteristischen Merkmalen (Abb. 1):
- Es sind 5 Kelchblätter vorhanden.
- Die 5 Kronblätter sind unterschiedlich gestaltet: 1 Fahne, 2 Flügel, 2 zu einem Schiffchen verwachsene Kronblätter („Schmetterlingsblüte").
- Das Schiffchen umschließt 10 Staubblätter; 9 davon sind meist ähnlich einer Röhre verwachsen, das zehnte Staubblatt liegt oben frei.
- Das Fruchtblatt mit einem länglichen Fruchtknoten liegt in der Röhre.
- Die Früchte sind **Hülsen,** die vielgestaltig sein können. Sie haben keine Mittelwand.
- Die Laubblätter sind wechselständig und meist zusammengesetzt, z. B. gefiedert, gefingert, dreizählig (s. Abb.2).
- Die Blüten sind meist als Trauben oder Köpfchen angeordnet.

Gelbe Lupine

2 ▶ Lupinen besitzen gefingerte Laubblätter.

Zu den ca. 10 000 verschiedenen Arten von Schmetterlingsblütengewächsen gehören vor allem Kräuter, aber auch Sträucher *(z. B. Gelber Besenginster)* und Bäume *(z. B. Weiße Robinie)*.

Aufgaben ❓

4. *Vergleiche die Blüten eines Schmetterlings- und eines Lippenblütengewächses.*

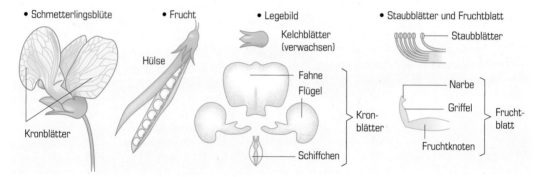

- Schmetterlingsblüte
- Frucht
- Legebild
- Staubblätter und Fruchtblatt

Hülse

Kelchblätter (verwachsen)

Fahne
Flügel

Kronblätter

Schiffchen

Kronblätter

Staubblätter

Narbe

Griffel

Fruchtknoten

Fruchtblatt

1 ▶ Merkmale der Blüten von Schmetterlingsblütengewächsen

1

Bedeutung der Schmetterlingsblütengewächse

Viele Arten der Schmetterlingsblütengewächse nutzt der Mensch. Die *Garten-Erbse* beispielsweise ist seit Jahrtausenden eine wichtige **Nutzpflanze.** Sie wird wegen des Gehaltes an Stärke und vor allem an Eiweiß in den Samen angebaut. Als rohes oder gekochtes Gemüse ist sie weltweit vom Speisezettel nicht mehr wegzudenken. Ähnlich verhält es sich mit der *Garten-Bohne* (Abb. 2). Die Samen enthalten ebenfalls viel Eiweiß und werden seit 8000 Jahren für die menschliche Ernährung genutzt.

Auch die *Erdnuss* (Abb. 4) gehört in diese Pflanzenfamilie. Sie wurde schon vor 3 000 Jahren in Brasilien kultiviert. Heute wird sie weltweit in warmen Gebieten angebaut. Die Samen enthalten sehr viel Eiweiß, Öl und außerdem noch Magnesium.

Die *Sojabohne* wird in China zur menschlichen Ernährung schon seit fast 5000 Jahren genutzt. Erst vor ca. 300 Jahren wurde sie wegen ihres hohen Öl- und Eiweißgehaltes auch auf anderen Kontinenten angebaut. Entweder werden die grünen Hülsenfrüchte direkt gegessen oder daraus werden Eiweißprodukte wie z. B. Tofu und Sojasauce hergestellt.

Als **Futterpflanze** für die Tiere werden z. B. *Luzerne* (Abb. 3), verschiedene Kleearten, beispielsweise *Rot-Klee*, *Weißklee* und *Serradella* angebaut. Einige Arten werden aber auch nur angepflanzt, um sie später unterzupflügen. Auf diese Weise wird der Boden gedüngt (Gründünger).

Weil die Blüten vieler Schmetterlingsblütengewächse schön und farbenprächtig anzusehen sind, werden die Pflanzen als **Zierpflanzen** genutzt. An den Häuserwänden leuchten im Juni z. B. die blauen Blütentrauben des *Blauregens* (Abb. 1) und in Gärten die gelben des *Goldregens*. Die Früchte des *Goldregens* sind sehr **giftig.** Deshalb nie in den Mund nehmen oder gar essen!

100 g Erdnüsse enthalten 180 mg Magnesium. Damit zählen Erdnüsse zu den magnesiumreichsten Nahrungsmitteln. Magnesium benötigt man z.B. bei hoher körperlicher Belastung (Sport) oder Stress-Situationen.

1 ▸ Blauregen – Zierpflanze

3 ▸ Luzerne – Futterpflanze

2 ▸ Garten-Bohne – Gemüsepflanze

4 ▸ Erdnuss – Ölpflanze

Methoden

Wir bestimmen einige Schmetterlingsblütengewächse

1	• Holzgewächse: Baum oder Strauch	2
1*	• Krautige Pflanze	4
2	• Baum **Weiße Robinie** oder **Falsche Akazie** **Giftig!** Blätter gefiedert, oft Dornen, Blüten weiß, in hängenden Trauben und duftend	
2*	• Strauch	3
3	• Obere Blätter klein, einfach, untere 3-zählig • Blüten gelb, einzeln oder zu 2 an den Zweigen **Gelber Besenginster (Besenginster)** Strauch mit langen, aufrecht wachsenden Zweigen, Zweige grün, kantig	
3*	• Blätter gefiedert • Blüten gelb, zu 1 bis 3 in den Blattachseln **Gemeiner Erbsenstrauch**	
4	• Blätter gefingert	5
4*	• Blätter 3-zählig oder gefiedert	6
5	• Blüten violett, selten weiß, • Blätter 10- bis 15-zählig gefingert **Vielblättrige Lupine**	
5*	• Blüten gelb • Blätter 5- bis 9-zählig gefingert **Gelbe Lupine**	
6	• Blätter gefiedert	7
6*	• Blätter 3-zählig.	11
7	• Blätter paarig gefiedert	8
7*	• Blätter unpaarig gefiedert	9
8	• Nebenblätter am Blattgrund meist größer als die Fiederblättchen des Blattes • Blüten weiß **Garten-Erbse**	

2

3

3*

5   5

5*

5*

8

Wir bestimmen einige Schmetterlingsblütengewächse

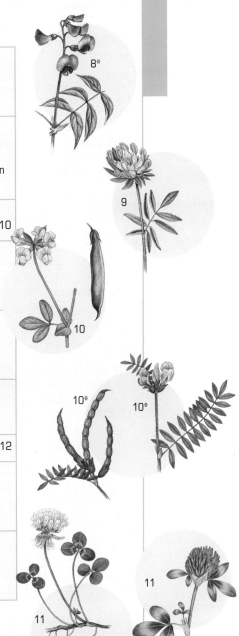

8*	• Nebenblätter am Blattgrund kleiner als die Fieder-blättchen des Blattes • Blüten gelb, rot oder rötlich, selten weiß **Platterbse**
9	• Endblättchen des Blattes größer als die anderen Fiederblättchen • Blüten goldgelb, selten rötlich, in Köpfchen • Blütenköpfe von fingerförmigen Deckblättern umgeben **Gemeiner Wundklee**
9*	• Endblättchen des Blattes so groß wie die anderen Fiederblättchen. 10
10	• Blüten gelb, außen rötlich, in Blattachseln • Hülsen walzenförmig, ungegliedert • unteres Fiederblättchenpaar dicht am Stängel **Hornklee**
10*	• Blüten rosa • Hülsen walzenförmig, gegliedert • unteres Fiederblättchenpaar nicht dicht am Stängel **Serradella**
11	• Blüten in Köpfchen, Kronblätter der Blüten gelb, rot oder weiß **Klee**
11*	• Blüten in Trauben 12
12	• Blüten in langen, schmalen und lockeren Trauben • Kronblätter der Blüten weiß oder gelb • Frucht eiförmig **Steinklee**
12*	• Blüten in kurzen Trauben • Kronblätter der Blüten gelb, blau oder violett • Frucht nieren-, sichel- oder schneckenförmig **Luzerne** oder **Schneckenklee**

Andere Familien der Samenpflanzen

Wer aufmerksam Samenpflanzen beobachtet, stellt fest, dass es außer den Kreuzblütengewächsen, den Lippenblütengewächsen und den Schmetterlingsblütengewächsen noch zahlreiche andere Familien der Samenpflanzen gibt, in Deutschland allein etwa 130. Einige Beispiel sind:

Kieferngewächse

getrennte weibliche und männliche Blüten, weibliche Blüten oft in verholzten Zapfen, Blätter nadelförmig, meist Bäume;
Kiefern (Abb.), Lärchen, Fichten, Tannen

Hahnenfußgewächse

männliche und weibliche Teile in einer Blüte, Blütenhülle einfach oder in Kelch- und Kronblätter gegliedert, viele Staubbeutel, meist auch viele Fruchtblätter, Blätter meist geteilt;
Rittersporn, Windröschen, Leberblümchen (Abb.).

Rosengewächse

männliche und weibliche Teile in einer Blüte, meist 5 frei stehende Kelchblätter und 5 Kronblätter, oft viele Staubblätter, 1 oder viele Fruchtblätter, Früchte, z. B. Nüsse, Steinfrüchte;
Rose, Erdbeere, Schlehe, Birne, Apfel (Abb.)

Süßgräser

Blüten klein und unscheinbar, in Ähren oder Rispen, Früchte: Nüsse (Körner);
Roggen, Weizen, Hafer, Gerste (Abb.), Mais, Quecke, Knäuel-Gras, Zittergras, Schilf

Korbblütengewächse

Einzelblüten (Zungen- und Röhrenblüten) in Körben (täuschen oft eine Einzelblüte vor);
Huflattich, Gänseblümchen (Abb.), Aster, Schafgarbe, Distel, Kamille, Löwenzahn

1

Samenpflanzen brauchen unseren Schutz

Samenpflanzen können wie andere Lebewesen nur dann existieren, wenn bestimmte **Lebensbedingungen** gegeben sind. Dazu gehören u. a. sauberes Wasser, schadstoffarme Luft, geeignete Bodenverhältnisse.

Diese Lebensbedingungen werden häufig durch den Menschen so verändert, dass **Gefahren** für viele Samenpflanzen entstehen.

Gefahren bewirken Baumaßnahmen, Abgase (z. B. von Autos), Einleiten ungereinigter Abwässer in Seen und Flüsse.

Als Folge sind in Sachsen viele Samenpflanzen vom Aussterben bedroht oder gefährdet. Einige Arten sind bereits ausgestorben (Abb. 1–4).

Um die Vielfalt an Samenpflanzen zu erhalten, ist es daher notwendig, alles zu ihrem Schutz zu tun, vor allem:

- sollten nicht Lebensräume unüberlegt durch Baumaßnahmen (z. B. Straßenbau) zerstört werden;
- alle Abwässer gereinigt werden, bevor sie in Gewässer gelangen;
- Feuchtgebiete nicht entwässert werden;
- der Schilfgürtel von Gewässern nicht durch Boote beeinträchtigt werden.

Jeder kann z. B. durch sorgsamen Umgang mit Schadstoffen (z. B. sparsamer Umgang mit Haushaltschemikalien) dazu beitragen, dass wir uns auch in Zukunft an der Formen- und Farbenpracht der Samenpflanzen erfreuen können.

Aufgaben

5. *Nenne die im Text genannten Schutzmaßnahmen und begründe sie.*

1 ▸ Herbst-Zeitlose
(stark gefährdet)

3 ▸ Sommer-Adonisröschen
(vom Aussterben bedroht)

In Sachsen gefährdete und vom Aussterben bedrohte Samenpflanzen

2 ▸ Stattliches Knabenkraut
(vom Aussterben bedroht)

4 ▸ Wiesen-Salbei
(gefährdet)

Erschließungsfeld

Fortpflanzung und Angepasstheit am Beispiel der Bestäubung von Blüten

Die Blüte einer Pflanze dient der Fortpflanzung. Voraussetzung dafür ist die Bestäubung, die Übertragung des Pollens vom Staubbeutel einer anderen, gleichartigen Blüte auf die Narbe der Pflanze.

Die Bestäubung wird oft von Insekten übernommen, die Nektar und Pollen sammeln. Die Beziehung zwischen Pflanze und Insekt geht dabei oft soweit, dass manche Pflanzen nur von bestimmten Arten bestäubt werden können (Tab.).

Blumentypen	Merkmale	Beispiele
Bienenblumen	prächtig gefärbte Blütenblätter; Nektar am Blütengrund; Landestelle für Insekten	Wiesen-Salbei Hornklee
Fliegenblumen	keine auffällig gefärbten Blütenblätter; oft Aasgeruch	Weißdorn Aronstab
Käferblumen	leicht zugängliche, unscheinbare Blüte; stark fruchtiger Duft	Lilie Hartriegel

1. Beschreibe die Fortpflanzung von Samenpflanzen mit Insektenbestäubung.
2. Erkläre an einem Beispiel die Angepasstheit des Blütenbaus an die bestäubenden Insektenarten.

Neben dem eiweißreichen Pollen ist für die Insekten der zuckerreiche Nektar ein wichtiger Nahrungsbestandteil. Beim *Wiesen-Salbei* befindet sich der Nektar tief am Blütengrund.

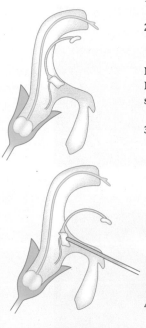

1 ▸ „Schlagbaum"-Mechanismus beim Wiesen-Salbei

3. Vervollständige den Lückentext zum Mechanismus der Bestäubung des *Wiesen-Salbeis* durch eine Honigbiene. Nutze dazu die Abb. 1.
   Die Honigbiene landet zunächst auf der ___1___ der Lippenblüte. Dadurch wird eine Platte nach ___2___ gedrückt. Über ein Gelenk beugen sich die ___3___ nach unten. Die Staubbeutel übertragen ___4___ auf den Rücken der Biene. Bei älteren Blüten hängen die Narben bogenförmig nach unten. Wenn die „beladene" Biene eine solche Blüte aufsucht, berührt sie mit ihrem Rücken die ___5___ und überträgt den fremden Pollen. Dadurch wird die Pflanze ___6___ .
   Pro Sammelflug fliegen die Bienen immer die gleichen Pflanzenarten an. Der Nektar wird von der Biene mit der Zunge aufgenommen und zum Bienenstock transportiert.
4. Formuliere eine Zusammenfassung über die Angepasstheit der Blüte des *Wiesen-Salbeis* und der Honigbiene an die Bestäubung.
5. Warum besteht die Gefahr, dass durch den gedankenlosen Einsatz von Insektenbekämpfungsmitteln die Anzahl der Blütenpflanzen abnimmt.
6. Welche Form der Bestäubung gibt es bei Samenpflanzen noch?

Kräuter als Gewürze

Was zeichnet Kräuter aus, die in der Küche zum Würzen und damit geschmacklichen Verfeinern von Speisen genutzt werden?

Das wesentlichste Merkmal ist wohl ihr Gehalt an Aromastoffen. Das sind Stoffe, die einen bestimmten Geruch oder Geschmack besitzen. Aber erst eine Mischung aus unterschiedlichen Substanzen macht dann den Geschmack und auch die gesundheitsfördernde Wirkung aus.

Zum Würzen werden verschiedene Pflanzenteile verwendet, manchmal sind es die Wurzeln, Blüten oder Samen, oft aber die Blätter.

Geschichte

Die Verwendung von Kräutern als Gewürze ist wahrscheinlich schon so alt wie das Kochen selbst. Bereits 5 000 v. Chr. nutzten die Sumerer *Kümmel*, *Thymian* und *Lorbeer*. Etwa 2 000 Jahre später wurden in Schriften aus China und Ägypten Kräuter und Gewürze erwähnt.

Im Mittelalter wurden die Klostergärten bedeutungsvoll für den Anbau von Kräutern. Die Benediktinermönche brachten viele Kräuter aus dem Mittelmeerraum über die Alpen. Darunter waren *Minze*, *Majoran*, *Thymian* und *Salbei*. Gleichzeitig zog auch das Wissen über die Heilwirkung der Kräuter in die Apotheken ein. Heute sind Kräuter aus den Rezepten unserer Speisen nicht mehr wegzudenken.

Anbau und Konservierung

Früher wurden Kräuter nicht gezielt angebaut. Sie wuchsen fast überall und mussten nur gesammelt werden. Heute werden sie z. B. wie Getreide auf großen Feldern angebaut. Viele Menschen haben in ihren Gärten auch Kräuterbeete. Den besten Geschmack entfalten Kräuter, wenn sie frisch geerntet verwendet werden.

Es gibt aber auch verschiedene Methoden, um Kräuter haltbar zu machen. Die älteste und auch einfachste Methode ist das Trocknen. Dazu werden lockere Sträuße gebunden und aufgehängt. Blüten und Blätter trocknen am besten auf einem porösen Untergrund. Man kann frisch geerntete Kräuter auch einfrieren.

Kräuter der mediterranen Küche

Die Mittelmeerküche nutzt eine Vielzahl von Kräutern wie *Lavendel*, *Salbei*, *Rosmarin*, *Thymian*, *Oregano* und vor allem *Basilikum*. *Basilikum* ist das in Italien am häufigsten verwendete Gewürz. Die Blätter verfeinern Fisch-, Tomaten- und Nudelgerichte, Suppen, Pasten und frischen Salat. Bei einigen Gerichten, z. B. Tomate mit Mozzarella, ist *Basilikum* unverzichtbar.

Tipp: Salat aus frischen Tomaten, Zwiebel, Knoblauch, Basilikum, Olivenöl und etwas Aceto balsamico; auf geröstetem Brot wird der Salat als Bruschetta serviert.

Basilikum

Pflanzenfamilie:
Lippenblütengewächse
Artname:
Ocimum basilicum
Merkmale:
bis 50 cm hoch, einjährig, Blüte Juli-August
Verwendeter Pflanzenteil:
Blätter (möglichst frisch verwenden),
oft wird das ganze Kraut geerntet und geschnitten
Geruch/Geschmack:
süßlich-pfeffrig, angenehmes Aroma

1 ▸ Kräutergarten

gewusst · gekonnt

1. Nenne die Merkmale und drei Arten der Lippenblütengewächse.

2. a) Zerlege die Blüte einer Taubnessel. Ordne die Blütenteile auf einer Unterlage entsprechend ihrer Anordnung in der Blüte an. Klebe die Blütenteile auf.
   b) Begründe die Zuordnung der Taubnessel zu ihrer Pflanzenfamilie.

3. Lippenblütengewächse nutzt der Mensch als Heil- und Gewürzpflanzen.
   a) Was versteht man unter den Begriffen?
   b) Stelle in einer Übersicht heimische Heil- und Gewürzpflanzen zusammen. Erfasse dabei, welche Teile der Pflanzen verwendet werden.
   c) Erforsche mithilfe von Nachschlagewerken und dem Internet die Geschichte einer dieser Pflanzen.

4. Besuche einen Gemüse- und Obstmarkt.

   a) Welche Gewürzpflanzen aus der Familie der Lippenblütengewächse bieten die Händler an?
   b) Wie werden die Gewürzpflanzen in der Küche verwendet?
   c) Welche Wirkung haben die Pflanzen?

5. Beschreibe die Angepasstheit einer Lippenblüte an die Insektenbestäubung.

6. Nenne die Merkmale und drei Arten der Schmetterlingsblütengewächse.

7. Wenn man frische Erbsen essen will, kauft man auf dem Gemüsemarkt Erbsenschoten. In so einer Frucht befinden sich einige Erbsen. Aus wissenschaftlicher Sicht ist der Begriff Schote für die Früchte der Erbse allerdings nicht richtig.
   a) Nenne die wissenschaftlich exakten Namen der Früchte von Kreuzblüten- und Schmetterlingsblütengewächsen.
   b) Vergleiche den Bau beider Früchte.

8. a) Lege ein Herbarium mit je zwei Arten der Kreuzblüten-, der Lippenblüten- und der Schmetterlingsblütengewächse an. Gehe dabei nach der Schrittfolge vor, die du in der 5. Klasse gelernt hast.
   b) Stelle in Form einer Tabelle Gemeinsamkeiten und Unterschiede der Blüten, der Blätter und der Sprossachse der herbarisierten Arten zusammen.

9. Viele Pflanzenarten sind in ihrem Bestand gefährdet.
   a) Nenne Ursachen für die Gefährdung.
   b) Beschreibe Maßnahmen zum Schutz einheimischer Pflanzenarten.

10. Erkundige dich, welche Pflanzenarten in deiner Region zu den gefährdeten gehören. Ermittle, ob dazu auch Arten der Lippenblüten- oder der Schmetterlingsblütengewächse gehören.

11. Man schätzt, dass es etwa 230 000 bedecktsamige Pflanzenarten auf der Erde gibt. Sie werden ca. 450 Pflanzenfamilien zugeordnet, 3 kennst du davon.
    a) Was sind bedecktsamige Pflanzen?
    b) Zerlege die Blüte einer Art aus einer anderen Pflanzenfamilie (s. S.16). Ordne die Blütenteile auf einer Unterlage entsprechend ihrer Anordnung in der Blüte an. Zeichne ein Blütendiagramm.

1

Ordnung in der Vielfalt der Samenpflanzen

Samenpflanzen kommen in großer Anzahl auf der Erde vor und sie sind sehr vielgestaltig. Sie unterscheiden sich z. B. in der Größe und in der Lebenszeit. Die große Anzahl von Samenpflanzen haben Wissenschaftler in Pflanzenfamilien (Pflanzen mit übereinstimmenden charakteristischen Merkmalen) geordnet. Pflanzen einer Familie sind miteinander verwandt.

Merkmale der Lippenblütengewächse

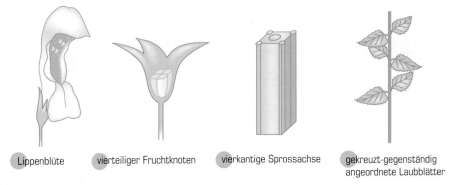

Lippenblüte   vierteiliger Fruchtknoten   vierkantige Sprossachse   gekreuzt-gegenständig angeordnete Laubblätter

Vertreter:
Taubnessel, Günsel, Majoran, Pfefferminze, Thymian, Lavendel, Salbei, Wild-Ziest

Bedeutung:
Aufgrund der Inhaltsstoffe werden viele Lippenblütengewächse als Gewürzpflanzen, Heilpflanzen oder als Grundlage für die Kosmetikindustrie genutzt.

Merkmale der Schmetterlingsblütengewächse

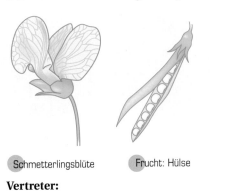

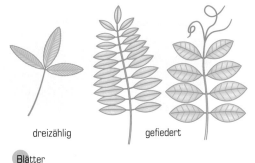

dreizählig   gefiedert

Schmetterlingsblüte   Frucht: Hülse   Blätter

Vertreter:
Robinie, Ginster, Garten-Erbse, Klee, Lupine, Goldregen, Wicke, Serradella

Bedeutung:
Schmetterlingsblütengewächse werden aufgrund ihrer Inhaltsstoffe als Gemüsepflanzen, Futterpflanzen oder wegen ihrer Farbenpracht als Zierpflanzen genutzt.

2

Wald als Lebensgemeinschaft

2.1
Der Wald und seine Bäume

Wald bedeutet Leben ▸▸ Bäume produzieren wie alle grünen Pflanzen Nährstoffe und Sauerstoff. Damit bilden sie die Grundlage für alle anderen Lebewesen. Wälder bieten Tieren und anderen Lebewesen Raum zum Leben, dem Menschen Platz zur Erholung und Entspannung. Wälder sorgen für ein stabiles Klima, sie bieten Schutz vor Wind und Sonne und bewahren den Boden vor Erosion. Sie regulieren den Wasserkreislauf.

Alt, hoch, dick ▸▸ Die höchsten Bäume der Erde stehen im Norden Kaliforniens im Redwood National Park. Der höchste Baum ist dort 112 m. Der gewaltigste aller Bäume ist der General Sherman Tree, ein Mammutbaum. Er steht im Sequoia National Park in den USA. Er ist zwar nur 84 m hoch, hat aber einen Umfang von 31 m. Sein Alter wird auf über 2500 Jahre geschätzt.

Wälder in Sachsen

Der Freistaat Sachsen hat in Sachen Wald eine Menge zu bieten: Fichtenwälder im Erzgebirge und Vogtland, mächtige Buchenwälder um Wermsdorf oder im Moritzburger Land, sandige Kiefernlandschaften in der Lausitz, feuchte Flussauen mit Weiden und Erlen. Dabei schneidet Sachsen im Vergleich mit anderen Bundesländern nicht einmal gut ab: der Freistaat ist ein waldarmes Land. Nur etwas mehr als ein Viertel der Landesfläche (516 572 ha) wird von Wäldern bedeckt.

Die heutigen Wälder und ihre Baumarten sind zurückzuführen auf den natürlichen Klimawandel nach der letzten Eiszeit und der Bearbeitung des Waldes durch den Menschen. Wurden in den vergangenen Jahrhunderten die Wälder vor allem als Sammel- und Jagdgebiet genutzt, mussten sie später neuen Siedlungen weichen oder Platz machen für Ackerflächen. Auch der Bedarf an Holz als Bau- und Brennstoff stieg ständig: Zum Abstützen der Stollen in den Silbergruben benötigte man viel Holz.

In der Bundesrepublik gibt es etwa 35 Millionen Bäume. Sie bedecken ungefähr ein Drittel der gesamten Fläche unseres Landes. Die größte Anzahl bilden Nadelbäume wie Kiefern und Fichten. Laubbäume sind zahlenmäßig unterlegen.

1 ▸ Wald in der Sächsischen Schweiz

Die Herstellung von Holzkohle für das Erzschmelzen verschlang außerdem eine große Menge Holz. Die benötigten Holzmengen wurden meist ohne Rücksicht eingeschlagen.

Um die drohende Waldvernichtung aufzuhalten, wurde ab dem 19. Jahrhundert begonnen, die Kahlflächen und die teilweise stark heruntergewirtschafteten Böden aufzuforsten. Dazu pflanzte man widerstandsfähige und schnell wachsende Nadelgehölze wie Fichten und Kiefern. Das ist der Grund dafür, dass noch heute im Freistaat Sachsen vier Fünftel aller Bäume Nadelbaumarten sind und nur ein Fünftel Laubbaumarten.

Heute werden große Anstrengungen unternommen, um bestehende Wälder zu erhalten und durch Waldumbau arten- und strukturreiche Mischwälder entstehen zu lassen.

Man bezeichnet eine solche vorausschauende Bewirtschaftung der Wälder als **nachhaltige Entwicklung.**

Auch kommende Generationen sollen den Wald erleben und dessen Holz nutzen können.

1811 wurde in Tharandt eine Forstlehranstalt durch HEINRICH VON COTTA gegründet. Das war die Geburtsstunde der Forstwirtschaft in Sachsen.

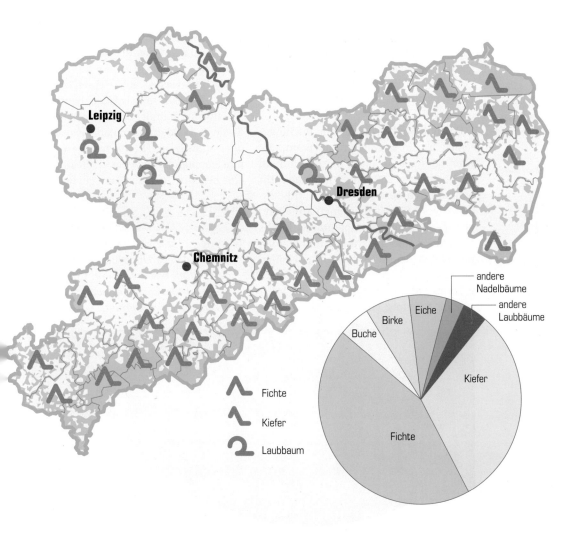

Einheimische Laubbäume

Die **Eiche** ist in Sachsen nach Fichte und Kiefer der dritthäufigste Waldbaum. Zwei Arten findet man in Sachsen, die *Stiel-Eiche* und die *Trauben-Eiche*. Beides sind große Bäume mit grobrissiger Rinde. Die *Stiel-Eiche* ist in ihren Ausmaßen größer als die *Trauben-Eiche*. Beide können sehr alt werden (*Stiel-Eiche* z. B. bis zu 1 000 Jahren).

An ihren Laubblättern kann man beide Arten gut erkennen, sie haben lappige Einbuchtungen. Unterscheiden lassen sich *Stiel-Eiche* und *Trauben-Eiche* an ihren Laubblättern sowie an den Früchten, den Eicheln. Die *Stiel-Eiche* hat kurz gestielte Blätter, die Eicheln sind lang gestielt. Bei der *Trauben-Eiche* ist es umgekehrt. Die Eicheln sind Nahrung für Wildschweine, Eichhörnchen, Mäuse und Vögel.

Die **Rot-Buche**, häufig nur Buche genannt, ist ein sommergrüner Baum. Sie kann 30 bis 45 m hoch werden und ein Alter von etwa 250 Jahren erreichen. Ihr Stammdurchmesser kann bis 2 m betragen. Die *Rot-Buche* hat einen auffallend glatten Stamm mit silbergrauer Rinde. Die Blätter sind ganzrandig und werden im Herbst schön gelbrot. Die kleinen dreieckigen braunen Früchte, Bucheckern, sind für Eichhörnchen und Mäuse eine Nahrungsgrundlage. Sie sind öl-haltig. Das rötlich gefärbte Holz ist schwer und hart. Verwendung findet es als Parkett-, Möbel- und Bauholz.

Der **Ahorn** tritt als großer Baum mit den Arten *Berg-Ahorn*, *Spitz-Ahorn* und *Feld-Ahorn* auf. Die Blüten des *Berg-Ahorns* erscheinen erst nach der Belaubung. Beim *Spitz-Ahorn* ist dies umgekehrt. Die Früchte des Ahorns haben Flugvorrichtungen und können weit verbreitet werden. Die großen Blätter weisen fünf Lappen auf, die je nach Ahornart mehr oder weniger spitz ausfallen.

Der *Berg-Ahorn* kann bis über 30 m hoch werden und ein Alter von 400 bis 500 Jahren erreichen. Das Holz des *Berg-Ahorns* ist wertvoll und wird für Möbel und Musikinstrumente (Geigenbau) verwendet.

Die **Eberesche**, auch *Vogelbeere* genannt, ist ein mittelgroßer Baum mit schlankem Stamm und grauer, glatter Rinde. In Wäldern trifft man sie als Baum oder Strauch an. Die *Eberesche* ist durch ihre leuchtend roten Beeren, die für Vögel eine begehrte Nahrung sind, gut bekannt.

*Die **Gemeine Esche** ist ein großer Baum mit grauer und glatter Rinde. Die großen gefiederten Blätter haben zahlreiche Fiederblättchen. Feuchte und nährstoffreiche Böden werden von ihr bevorzugt. Sie wächst besonders an Flüssen und Bächen.*

Aufgaben (?)

1. *Fertige einen Steckbrief eines Laubbaums deiner Umgebung an. Zeichne den Baum, beschreibe ihn. Gib an, wie alt er werden kann und welche Lebensbedingungen er benötigt.*

1 ▶
Buchenwald

Methoden

Wir bestimmen einige Laubbaumarten

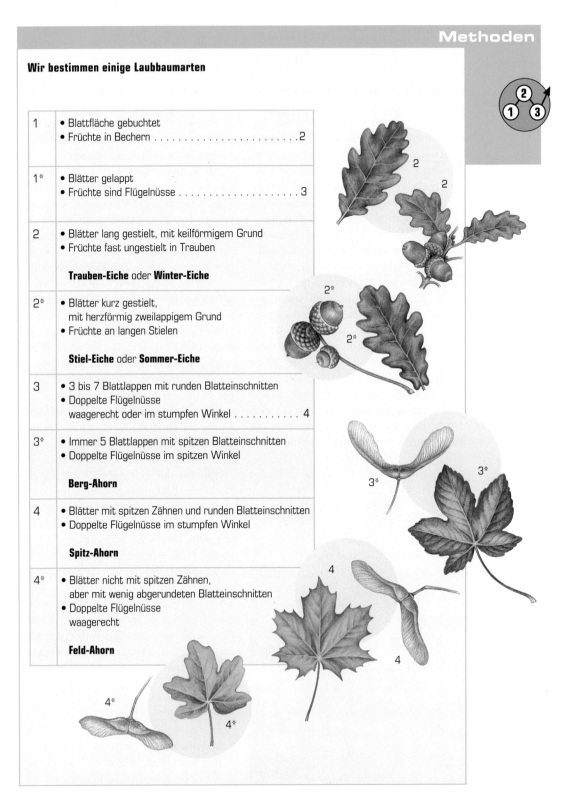

1	• Blattfläche gebuchtet • Früchte in Bechern 2
1*	• Blätter gelappt • Früchte sind Flügelnüsse 3
2	• Blätter lang gestielt, mit keilförmigem Grund • Früchte fast ungestielt in Trauben **Trauben-Eiche** oder **Winter-Eiche**
2*	• Blätter kurz gestielt, mit herzförmig zweilappigem Grund • Früchte an langen Stielen **Stiel-Eiche** oder **Sommer-Eiche**
3	• 3 bis 7 Blattlappen mit runden Blatteinschnitten • Doppelte Flügelnüsse waagerecht oder im stumpfen Winkel 4
3*	• Immer 5 Blattlappen mit spitzen Blatteinschnitten • Doppelte Flügelnüsse im spitzen Winkel **Berg-Ahorn**
4	• Blätter mit spitzen Zähnen und runden Blatteinschnitten • Doppelte Flügelnüsse im stumpfen Winkel **Spitz-Ahorn**
4*	• Blätter nicht mit spitzen Zähnen, aber mit wenig abgerundeten Blatteinschnitten • Doppelte Flügelnüsse waagerecht **Feld-Ahorn**

Einheimische Nadelbäume

*Die Kieferngewächse sind eine Familie innerhalb der Nadelholzgewächse. Zu ihnen gehören ca. 230 Arten. Darunter auch die **Weiß-Tanne,** die vom Aussterben bedroht ist. Durch Pflanzaktionen versucht man den Bestand z. B. im Erzgebirge zu retten.*

Nadelbäume sind holzige **Samenpflanzen.** Sie sind seit Millionen von Jahren auf der Erde verbreitet und bestimmen noch heute das Landschaftsbild. Auffälligstes Merkmal dieser Bäume sind die zu Nadeln umgebildeten Blätter. Die Nadeln besitzen meist eine wachsähnliche Schicht. Sie geben weitaus weniger Wasser ab als die Blätter von Laubbäumen. Nadeln sind sehr frost- und hitzebeständig. Nadelbäume können daher in unterschiedlichen Klimazonen der Erde und auch in rauen Gebirgszonen mit großen Temperaturschwankungen wachsen.

Die **Gemeine Fichte** ist in Sachsen sowie in Mitteleuropa der wichtigste Forstbaum. Sie ist ein hoch aufragender kegelförmiger Baum mit spitzer Krone. Sie kann Höhen bis 50 m erreichen und bis zu 600 Jahre alt werden. Im Forst erfolgt die Holzernte bereits nach 80 bis 100 Jahren. Die *Fichte* weist eine rötliche Rinde auf. Besonders gut lässt sie sich durch die Zapfen von anderen Fichten, aber auch Tannen, unterscheiden. Die Zapfen hängen an den Zweigen und werden im Herbst als Ganzes abgeworfen. Die Nadeln sind vierkantig, spitz und an allen Seiten dunkelgrün.

Die *Fichte* wächst im Hügel- und Bergland und besiedelt auch die sächsischen Mittelgebirge. Von den Fichtensamen ernähren sich viele Waldtiere wie Eichhörnchen, Spechte und Mäuse.

Die **Gemeine Kiefer,** die *Wald-Kiefer,* ist ein Baum von unregelmäßigem Wuchs mit schirmförmiger Krone. Sie kann Höhen von 35 m bis 45 m erreichen und bis zu 600 Jahre alt werden. Die langen Nadeln sind derb und stechend. Sie stehen stets zu zweit. Die kleinen geflügelten Samen werden von vielen Vögeln gern gefressen. Die ei- bis kegelförmigen Zapfen fallen nach drei Jahren von den Zweigen und liegen dann in großer Zahl auf dem Waldboden. Die *Gemeine Kiefer* wächst vor allem auf trockenen Böden.

Die **Europäische Lärche** (Abb. 1) ist ein bis 40 m hoher kegelförmiger Baum mit waagerechten und weit ausladenden Ästen. Sie kann ein Alter von 400 Jahren erreichen. Die kurzen Nadeln sind weich und stehen in Büscheln. Im Herbst ist die *Lärche* an der goldgelben Färbung der Nadeln zu erkennen. Sie fallen im Winter ab. Von den Samen der kleinen eiförmigen Zapfen ernähren sich viele Vogelarten. Die *Lärche* ist sehr unempfindlich gegen Frost. Sie gedeiht am besten im Gebirge. Für die Wiederaufforstung ist sie gut geeignet.

Die hier vorgestellten Nadelbäume und einige andere gehören in eine wichtige Pflanzenfamilie, in die **Familie der Kieferngewächse.** Kennzeichen der Kieferngewächse sind nadelförmige Blätter und Zapfen.

1 ▶
Europäische
Lärche

Aufgaben

2. *Warum werfen Laubbäume im Herbst die Blätter ab, die Nadelbäume (mit Ausnahme der Lärche) aber nicht?*

Methoden

Wir bestimmen einige Kieferngewächse

1	• Nadeln einzeln 2

1*	• Nadeln in Büscheln **Europäische Lärche** Nadeln hellgrün, weich, Bäume im Winter ohne Nadeln

2	• Nadeln vierkantig • Nadeln am Grunde mit braunem Stielchen 3

2*	• Nadeln flach • Nadeln ohne braunes Stielchen 4

3	• Nadeln mattgrün bis graugrün, stechend hart • Nadeln allseitig am Zweig starr abstehend **Blau-Fichte** oder **Stech-Fichte**

3*	• Nadeln grün, fest, aber biegsam • Nadeln sitzend auf Nadelkissen, um den Zweig herum stehend **Gemeine Fichte** Zapfen hängend

4	• Nadeln länger als 4 cm • Nadeln beiderseits graugrün, biegsam, meist sichelförmig, aufwärts gebogen **Grau-Tanne** Nadeln zerrieben wohlriechend

4*	• Nadeln kleiner als 4 cm • Nadeln grün, untere Seite mit 2 weißen Streifen, deutlich gescheitelt **Weiß-Tanne** Zapfen aufrecht stehend

Die Schichtung eines naturnahen Mischwaldes

Ein Wald ist in der Landschaft an seinen dicht stehenden und hoch aufragenden Bäumen schon von weitem zu erkennen. Laubmischwälder sind insbesondere am Waldrand **stockwerkartig** aufgebaut. Sie weisen eine **Schichtung** auf (Abb. 1).

Die Baumschicht

Nadel- und Laubbäume bilden die Baumschicht. Der **Baumschicht** werden alle Bäume über 5 m Höhe zugeordnet.

Die hohen Bäume bremsen die Geschwindigkeit des Windes ab und schützen benachbarte Siedlungen. Die Wurzeln halten das Erdreich fest und speichern viel Wasser. Die Blätter geben Sauerstoff ab und filtern Staub und Ruß aus der Luft. Erholungsorte befinden sich daher meist in waldreichen Gegenden.

Die Nadel- und Laubbäume der Baumschicht werden von der Forstwirtschaft zur Gewinnung des Rohstoffes Holz genutzt.

Baumschicht

Strauchschicht

Krautschicht

Bodenschicht mit Wurzelstockwerken

1 ▸ Schichten in einem Mischwald

1 ▸
Hasel mit
Früchten

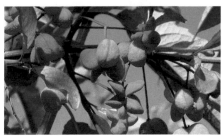

2 ▸ Pfaffenhütchen mit Früchten

3 ▸ Weißdorn mit Früchten

Die Strauchschicht

Sträucher und Jungwuchs von Bäumen bilden die **Strauchschicht.**

Alle grünen Pflanzen des Waldes mit einer Wuchshöhe zwischen 50 cm und 5 m werden der Strauchschicht zugeordnet. In Auenwäldern und Eichenmischwäldern ist eine artenreiche Strauchschicht ausgebildet. Durch die Baumkronen dringt genügend Licht und ermöglicht das Gedeihen von Sträuchern.

In Buchenwäldern bildet die *Rot-Buche* ein sehr dichtes Kronendach. In diesen Wäldern ist kaum eine Strauchschicht vorhanden. In einem Fichtenforst fehlen Strauch- und Krautschicht. Dort ist es zu dunkel.

Die Strauchschicht des Waldes hält den Wind vor dem Eindringen in das Waldesinnere ab. Die Laubstreu des Waldbodens wird dadurch nicht fortgeblasen. Sie verbleibt im Wald und schützt zugleich den Boden vor Austrocknung.

Blätter und Früchte der Sträucher dienen den Tieren als Nahrung. In einem Eichenmischwald wird die Strauchschicht z. B. von *Hasel, Weißdorn, Pfaffenhütchen* und jungen *Eichen* gebildet.

Der *Weißdorn* ist ein sperriger, dorniger Strauch oder auch kleiner Baum. Die roten Früchte sind eine Nahrung für Vögel.

Das *Pfaffenhütchen* ist ein Strauch mit eiförmig-lanzettlichen Blättern. Seine Früchte sind rote, vierkantige Kapseln.

Die *Hasel* ist ein mittelgroßer bis großer Strauch, der sich dicht über der Erde mit vielen Stämmen verzweigt. Die eiförmigen Blätter sind am Stiel herzförmig. Die Früchte sind die Haselnüsse, die nicht nur von Eichhörnchen gern verzehrt werden.

Die Krautschicht

Alle Pflanzen bis zu einer Größe von 50 cm werden der **Krautschicht** zugeordnet. Eine reiche Krautschicht haben Laubmischwälder, bei denen genügend Licht den Waldboden erreicht.

In *Fichtenforsten* gedeihen nur vereinzelt krautige Pflanzen, z. B. Gräser, denn es dringt nicht genügend Licht bis in die untere Schicht des Waldes.

Die Samenpflanzen der Krautschicht speichern viel Wasser in ihren Sprossen. Durch die Blätter verdunstet das Wasser. Dadurch tragen diese Pflanzen dazu bei, dass im Wald eine höhere Luftfeuchte herrscht als außerhalb des Waldes.

Der *Wald-Sauerklee* (Abb. 1) ist eine von April bis Mai blühende Schattenpflanze. Bei Anbruch der Dunkelheit schließen sich die Blüten und werden nickend. Die Blätter nehmen eine „Schlafstellung" ein. Die Fiederblättchen sind dann abwärts gerichtet. Auch bei direktem Tageslicht falten sich die Blätter. Dadurch verdunstet weniger Wasser.

Der Wald-Meister (Abb. 2, S. 33) bildet in Laubwäldern eine dichte Blattfläche. Er blüht im Mai. Zu erkennen ist er an seinen Blattquirlen, die je 8 lanzettliche Blätter tragen. Der Wald-Meister verbreitet einen aromatischen Duft. Der enthaltene Wirkstoff Cumarin wird als Aromastoff bei der Getränkeherstellung genutzt.

Das *Frühlings-Scharbockskraut* (Abb. 2) überzieht als Frühblüher oft großflächig den Boden in Laubwäldern. Den Winter übersteht die Pflanze mithilfe von Wurzelknollen.

Zu erkennen ist das *Frühlings-Scharbockskraut* an seinen glänzenden goldgelben Blütensternen. Sie schließen sich nachts und bei kalter, feuchter Witterung. Nach der Blütezeit sterben die oberirdischen Teile ab.

Der *Hohle Lerchensporn* überwintert mit einer innen hohlen Knolle. Schon im März erscheinen die rotvioletten oder auch weißen Blütentrauben in der Krautschicht der Laubwälder. Eines der vier Kronblätter bildet einen Sporn. Der Nektar befindet sich im Sporn und kann auf normalem Wege nur von langrüsseligen Insekten erreicht werden.

Das *Springkraut* ist eine einjährige Pflanze. Mitunter wird diese in Laub- und Nadelwäldern vorkommende Pflanze auch „Rührmichnichtan" genannt.

1. ▸ Wald-Sauerklee

2 ▸ Frühlings-Scharbockskraut

Ihre Samen befinden sich in einer Fruchtkapsel. Ist diese reif, so werden bei der leisesten Berührung, z. B. von vorbeistreifenden Tieren oder vom Wind, die Samen weit fortgeschleudert (Abb. 1).

Das *Wald-Knäuelgras* ist eine ausdauernde Pflanze und besiedelt Laubmischwälder. Es bildet Rispen aus. Die Ährchen der Rispen sind knäuelartig angeordnet.

Dicht über dem Waldboden wachsen **Moose** und **Pilze**. Moose wirken im Wald als Wasserspeicher. Damit sichern Moose eine wichtige Lebensgrundlage für sich selbst und für viele andere Organismen des Waldes. Zugleich beeinflussen sie damit das Klima im Wald. An heißen Sommertagen freuen sich die Besucher besonders über die Kühle des Waldes.

Die Bodenschicht

Die Wurzeln der Pflanzen bilden die **Bodenschicht.** Die Wurzeln der Bäume reichen unterschiedlich tief in den Bo-

denraum hinein. Fichten sind **Flachwurzler** und Kiefern **Tiefwurzler.** Manche Gräser und andere krautige Pflanzen senken ihre Wurzeln bis in 2 m Tiefe.

Im Bodenraum lassen sich „Wurzelstockwerke" finden. Die Vorräte der Bodenschicht an Wasser und Nährstoffen werden so günstig von den Pflanzen erschlossen.

> Wälder weisen besonders an den Rändern einen stockwerkartigen Aufbau auf. Die Pflanzen der einzelnen Schichten sind an die in der Schicht herrschenden Lebensbedingungen angepasst. Ⓜ

3 ▸
Moospflanze

Aufgaben ❓

3. *Erkläre, warum Licht für die Pflanzen lebensnotwendig ist.*

4. *Informiere dich über den Begriff Frühblüher.*

1 ▸ Springkraut

2 ▸ Waldmeister

Tiere in den Schichten des Waldes

Die Schichten des Waldes stellen für **Tiere** vielfältige Lebensräume dar. Sie finden Nahrung, Möglichkeiten zum Bau von Brut- und Wohnstätten und zum Aufziehen ihrer Jungen. Sie erhalten Schutz vor Feinden.

Buntspecht

Lebensraum: Baumkronen, Baumstämme
Nahrung: Zapfen von Fichten und Kiefern; Insekten und ihre Larven werden mit dem harten und spitzen Schnabel (Meißelschnabel) frei gelegt, mit der dünnen langen und klebrigen Zunge hervorgeholt

Eichhörnchen

Lebensraum: Baumschicht
Nahrung: Zapfen von Nadelbäumen, Nüsse, Beeren, Insekten, Pilze und Vogeleier; es ist für Baummarder und Habichte Beutetier

Trauermantel

Lebensraum: Strauch- und Krautschicht
Nahrung: Baumsäfte, Säfte von reifem Obst

Blindschleiche

Lebensraum: Krautschicht
Nahrung: Nacktschnecken, Regenwürmer, Insekten

Assel

Lebensraum: Bodenschicht
Nahrung: verfaulte, vermoderte Pflanzenteile

2

Laubwälder und ihre Schichten wandeln sich in den Jahreszeiten

Das Aussehen von Laubwäldern wandelt sich regelmäßig wiederkehrend in den verschiedenen Jahreszeiten. Sie weisen verschiedene **jahreszeitliche Aspekte** auf.

Im Frühjahr ist es vor dem Austreiben der Blätter im Buchenwald hell. Das Sonnenlicht fällt durch die lichten Baumkronen auf den Waldboden. Buchenwälder sind im März/April dann oft mit einem weißen Blütenteppich aus *Busch-Windröschen* überzogen. Buchenwälder zeigen ihren **Frühjahrsaspekt** (Abb. 1a). Das *Busch-Windröschen* zählt zu den ersten Frühblühern im Wald.

Den Winter übersteht es durch eine waagerecht im Boden liegende Sprossachse (Rhizom). Darin sind Nährstoffe gespeichert. *Busch-Windröschen,* aber auch *Frühlings-Scharbockskraut, Hohler Lerchensporn* brauchen viel Licht zum Blühen und Fruchten.

In der ersten Maihälfte entfaltet sich bei den *Rot-Buchen* das Laub. Bald gelangt durch das dichte Kronendach nur noch wenig Sonnenlicht bis zum Waldboden. Im Halbdunkel des Buchenwaldes blühen dann z. B. der *Waldmeister,* die *Frühlings-Platterbse,* die *Einbeere*. In der Krautschicht wachsen verschiedene Gräser wie das *Wald-Knäuelgras*. Die farbenprächtige Blühperiode geht zu Ende. Im Buchenwald zeigt sich der **Sommeraspekt** (Abb. 1b) mit üppigem grünem Pflanzenwachstum.

Werden die Tage wieder kürzer und fallen die Temperaturen, so zeigt sich bald der **Herbstaspekt** (Abb. 1c). Im Buchenwald herrscht dann eine prächtige Laubfärbung zwischen lebhaft rot- und gelbgefärbten Blättern vor.

Nach den ersten Frösten genügen leichte Windstöße, um das Laub von den Bäumen zu fegen. Der Buchenwald wird kahl und es zeigt sich der **Winteraspekt** (Abb. 1d). Die regelmäßig wiederkehrenden Aspekte des Laubwaldes werden durch wechselnde Licht-, Temperatur- und Feuchtigkeitsverhältnisse bewirkt.

> Laubwälder weisen einen Frühjahrs-, Sommer-, Herbst- und Winteraspekt auf. Ⓜ

1 ▸
Buchenwald:
jahreszeitliche
Aspekte

a ▸
Frühlingsaspekt
b ▸
Sommeraspekt

c ▸
Herbstaspekt
d ▸
Winteraspekt

gewusst · gekonnt

1. Wir wollen Waldbäume kennen lernen. Dazu legen wir auf Karten Baumsteckbriefe an.

   a) Sammle verschiedene Blätter von Waldbäumen. Denke daran: Auch Nadeln sind Blätter. Wie fühlen sich die Blätter an? Klebe oder zeichne jedes Blatt auf je eine Karte. Beschreibe Größe, Form und Farbe der Blätter (Oberseite/Unterseite).

   b) Beschreibe die Rinde der Waldbäume, von denen die Blätter stammen. Wie fühlt sich die Rinde an? Lege ein weißes Blatt Papier an den Baum und streiche großflächig mit einem Wachsstift darüber. So erhältst du die Struktur der Rinde.

   c) Beschreibe die Wuchsformen der ausgewählten Waldbäume (z. B. kegelförmig, spitze Krone, gewunden, knorrig). Skizziere die Wuchsformen auf dem Baumsteckbrief.

   d) Welche Besonderheiten weisen die ausgewählten Waldbäume auf?

   e) Versuche die Namen der beobachteten Waldbäume herauszufinden. Trage die Namen in die Baumsteckbriefe ein.

2. Holz ist ein wertvoller Rohstoff. Nenne Nutzungsmöglichkeiten bzw. Verwendungszwecke für Holz.

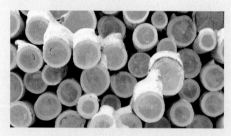

3. Tritt man an einem Sommertag aus einem Laubwald heraus auf eine Wiese, spürt man sofort den Unterschied zwischen dem Waldesinneren und der Wiese.

Ordne folgende Adjektive den Begriffen „Laubwald" und „Wiese" zu: heller, dunkler, windiger, windstill, kühler, wärmer. Suche selbst noch weitere zutreffende Adjektive.

4. Laubwälder sind stockwerkartig aufgebaut. Ordne die Namen folgender Wald bildender Pflanzen den einzelnen Schichten des Waldes zu: Hasel, Stiel-Eiche, Rot-Buche, Jungwuchs des Berg-Ahorns, Pfaffenhütchen, Busch-Windröschen, Pfahlwurzel der Gemeinen Kiefer, Feld-Ahorn, Springkraut.

5. Frühblüher kannst du nur im Frühjahr im Wald finden. Wenn die Bäume ihre Blätter bekommen, beenden die Frühblüher ihr Wachstum und überdauern mit unterirdischen Speicherorganen bis zum nächsten Frühjahr.

   a) Begründe, warum die Frühblüher nur im Frühjahr wachsen, blühen und ihre Samen produzieren.

   b) Warum können gerade Frühblüher im kalten Frühjahr so schnell wachsen?

   c) Welchen Nutzen haben die Frühblüher für die Insekten im Wald?

6. Versuche herauszufinden, warum sich die Laubblätter im Herbst verfärben. Nutze dazu verschiedene Informationsquellen, z. B. Internet, Fachbücher.

7. In einem mitteleuropäischen Buchenwald werden etwa 7 000 Tierarten und 4 000 Arten aller anderen Organismengruppen gefunden.

   a) Nenne neben den Tieren weitere Organismengruppen.

   b) Begründe, warum gerade im Wald so viele Arten leben können.

   c) Warum müssen Wälder geschützt werden?

Das Wichtigste auf einen Blick

Der Wald und seine Bewohner

Ein Wald besteht aus einer Vielzahl unterschiedlicher Bäume.

Man unterscheidet Laubbäume und Nadelbäume.

Laubbäume		Nadelbäume		
Eiche	Buche	Fichte	Lärche	Kiefer

Der Wald ist Lebensraum für wirbellose Tiere, Wirbeltiere, Pflanzen und Pilze.
In einem naturnahen Mischwald findet man verschiedene Schichten. In den Schichten leben verschiedene Tiere, Pflanzen und andere Lebewesen.
Das Aussehen der Laubwälder ändert sich mit den Jahreszeiten.

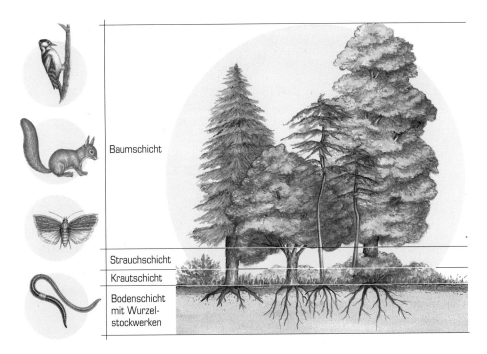

Baumschicht

Strauchschicht

Krautschicht

Bodenschicht mit Wurzelstockwerken

2.2
Pilze, Moose, Farne

Artenreich und vielgestaltig ▶▶ Pilze sind eine sehr arten-reiche und vielgestaltige Gruppe von Lebewesen. Auf der Erde sind über 100 000 verschiedene Pilzarten bekannt. Sie kommen in den unterschiedlichsten Formen und Grö-ßen vor und sind weltweit verbreitet.

Natürlicher Wasserspeicher ▶▶ Im Gegensatz zu Samen-pflanzen nehmen Moose Wasser mit der gesamten Ober-fläche auf. Ihre dünnen Blättchen geben Wasser bei großer Hitze aber schnell wieder ab. Durch einen Trick schützen sich die Moose vor dem Austrocknen. Sie verkür-zen die Mittelrippe der Moosblättchen. Dadurch legen sich die Moosblättchen an das Stämmchen an und die feuchte Luft wird in dem Moospolster „eingeschlossen". Gleichzeitig wird die Wasserabgabe eingeschränkt.

2

Pilze – Lebewesen der Bodenschicht

Im Spätsommer oder im Herbst findet man im Wald z.B. *Fliegenpilze, Maronenröhrlinge* und auf den Wiesen den *Wiesen-Champignon*. Wir sagen dann zwar, wir haben einen Pilz gefunden, in Wirklichkeit aber sind es die „Fruchtkörper" dieser Pilze. Der **Fruchtkörper** ist aus einem Stiel und einem Hut aufgebaut. Deshalb nennt man diese Pilze **Hutpilze.** **Schimmelpilze** sind anders aufgebaut.

Fliegenpilz

	Lamellenpilz, giftig
Vorkommen:	Laub- und Nadelwald, im Flachland häufiger unter Birken, im Gebirge mehr unter Fichten
Merkmale:	schlanker etwa 6 bis 20 cm hoher Stiel, auffällig der rote Hut, mit vielen kleinen weißen Hüllresten, deutliche Manschette und auffällige Knolle

Goldfell – Schüppling

	Lamellenpilz, ungenießbar
Vorkommen:	in Büscheln auf Stämmen von Laubbäumen
Merkmale:	niedrig gewölbter, rostgelber 5 bis 10 cm breiter Hut mit gelbbraunen Schuppen, gelber Stiel unten braun schuppig

Butterpilz

	Röhrenpilz, essbar
Vorkommen:	Kiefernwälder
Merkmale:	braungelblicher bis braunrötlicher, 5 bis 12 cm breiter, etwas gewölbter Hut, Huthaut vollkommen abziehbar, glänzend, schleimig, Stiel kurz, über dem hellen Ring bräunliche Körnchen

Steinpilz

	Röhrenpilz, essbar
Vorkommen:	in Laub- und Nadelwäldern
Merkmale:	kastanienbrauner, bis 20 cm breiter Hut auf keulen- bis walzenförmigem, weißlichem Stiel, festes weißes „Fruchtfleisch"

Schimmelpilz

	z. B. Köpfchenschimmel, Gießkannenschimmel
Vorkommen:	u. a. im Erdboden, in faulenden Früchten, auf altem Brot
Merkmale:	faseriger, flockiger oder staubiger, weißlicher, grauer, bläulich grüner, gelblicher, rötlicher, bräunlich schwarzer Überzug auf leblosen Köpern

Bau der Hutpilze

Wer Pilze sammelt, muss wissen, dass die Hutpilze in essbare, ungenießbare und giftige Hutpilze eingeteilt werden. Pilzgifte können u. a. die inneren Organe und das Nervensystem schädigen. Deshalb müssen Pilzsammler die Regeln für das Sammeln von Pilzen beachten.

Auf der Erde sind bisher über 100 000 verschiedene Pilzarten bekannt. Pilze kommen in den unterschiedlichsten Formen und Größen vor und sind weltweit verbreitet. Einige Vertreter sind so winzig, dass man sie nur mithilfe von Lupe oder Mikroskop erkennen kann. Dazu gehören z. B. die **Hefepilze**, die nur aus einer Zelle bestehen, und die **Schimmelpilze,** die man in und auf schimmeligen Nahrungsmitteln findet. Im Wald findet man oft die Fruchtkörper von Pilzen. Diese Pilze werden **Hutpilze** genannt.

Wenn man einen Hutpilz vorsichtig aus dem Boden herausgräbt und die Erde entfernt, dann findet man am Ende des Stiels ein verzweigtes Geflecht feiner weißer Pilzfäden. Dieses Fadengeflecht, auch **Pilzgeflecht** oder **Myzel** genannt, ist der eigentliche Pilz. In den Zellwänden der Pilzfäden befindet sich im Unterschied zu Pflanzen nicht Cellulose, sondern Chitin. Dieses unterirdische, weit verzweigte Geflecht feiner Pilzfäden durchwächst den Boden oft mehrere Meter weit.

Das Pilzgeflecht bildet bei günstigen Bedingungen, z. B. Feuchtigkeit und Wärme, den oberirdischen Teil der Pilze, den **Fruchtkörper**, aus. Dieser ist in Stiel und Hut gegliedert.

2 ▸ Maronenröhrling

Der Fruchtkörper trägt auf der Unterseite des Hutes eine Schicht aus feinen Röhren oder aus strahlig angeordneten blattartigen Lamellen. Nach diesem charakteristischen Merkmal teilt man die Hutpilze in zwei Gruppen ein, in die **Röhrenpilze** und die **Lamellenpilze** (Abb. 1).

Zu den Röhrenpilzen gehören z. B. *Maronenröhrling* (Abb. 2), *Steinpilz, Butterpilz* (Abb. S. 39) und *Birkenpilz.*

Lamellenpilze sind beispielsweise der *Fliegenpilz* (Abb. S. 39), der *Wiesen-Champignon*, der *Grüne Knollenblätterpilz* und der *Riesenschirmpilz.*

Ernährung

Pilze haben *keinen grünen Blattfarbstoff* (Chlorophyll). Sie können sich also nicht wie die grünen Pflanzen vom Kohlenstoffdioxid der Luft, von Wasser und Mineralstoffen aus dem Boden unter Nutzung des Sonnenlichtes ernähren (Fotosynthese). Sie ernähren sich von solchen Stoffen, die andere Organismen gebildet haben. Deshalb nennt man diese Stoffe **organische Stoffe** (z. B. die Zucker). Aus diesem Grund werden **Pilze nicht zu den Pflanzen** gezählt. Sie stellen eine eigene Organismengruppe dar.

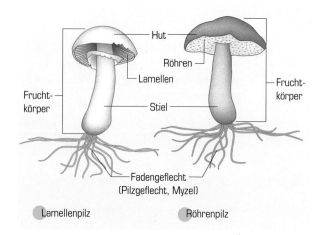

1 ▸ Bau von Lamellenpilz und Röhrenpilz

Pilze ernähren sich u.a. von Pflanzenresten beispielsweise totem Holz und zersetzen diese dabei. Sie werden dann Fäulnisbewohner genannt. Als **Zersetzer** von Pflanzenresten haben sie im Wald eine große Bedeutung. Sie schaffen u. a. die Nahrungsgrundlage für die Pflanzen.

Manche Pilze leben mit den Wurzeln von Bäumen zusammen und bilden eine *Pilzwurzel*. Das Fadengeflecht dringt z. B. in die Wurzel der Birke ein und entnimmt dieser die von der Birke gebildeten Nährstoffe. Der *Birkenpilz* wiederum „hilft" mit seinem weit verzweigten Fadengeflecht den Wurzeln der Birke bei der Aufnahme von Wasser. Jeder Partner zieht dabei aus dem Zusammenleben seinen Nutzen. Diese Form des Zusammenlebens wird als **Symbiose** bezeichnet. Manche Pilze bevorzugen bestimmte Waldbäume, z. B. der *Birkenpilz* die Birken, der *Maronenröhrling* Fichten und Kiefern. So kommt es, dass bestimmte Pilze meist nur unter bestimmten Bäumen zu finden sind.

Fortpflanzung

Auf der Unterseite des Hutes werden in den Röhren bzw. an den Lamellen Millionen sehr kleiner **Sporen** gebildet (Abb. 1).

Sie dienen der **ungeschlechtlichen Fortpflanzung** und Vermehrung der Pilze.

Der Wind verbreitet die Pilzsporen. Bei günstigen Lebensbedingungen (Feuchtigkeit, Wärme) keimen sie aus, wachsen zu feinen Pilzfäden heran und bilden im Boden neue, weit verzweigte Pilzgeflechte. Diese bilden oberirdisch neue Fruchtkörper (Abb. 1) aus.

Der alte Fruchtkörper stirbt nach Ausfall der Sporen ab. Das Pilzgeflecht im Boden bleibt erhalten und bildet im nächsten Jahr neue Fruchtkörper aus.

> Pilze besitzen einen Fruchtkörper, in dem Sporenträger mit Sporen ausgebildet werden. Im Boden befindet sich ein Fadengeflecht. Pilze vermehren sich durch Sporen. (M)

Aufgaben

1. *Fertige einen Steckbrief zu einem weiteren Röhren- oder Lamellenpilz an.*

2. *Stelle 3 Regeln für das Sammeln von Pilzen auf und begründe sie.*

3. *Erläutere, wie sich Pilze ernähren. Vergleiche mit der Ernährung der Pflanze.*

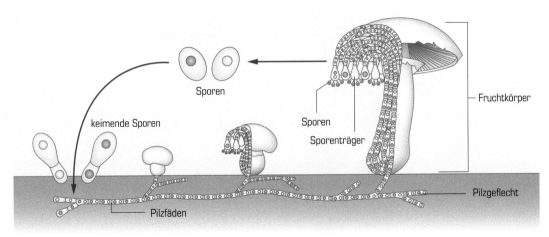

Sporen

keimende Sporen

Sporen

Sporenträger

Fruchtkörper

Pilzgeflecht

Pilzfäden

1 ▸ Fortpflanzung eines Hutpilzes

Moose – Wasser speichernde Lebewesen

Moose gehören zu den ersten Lebewesen, die die Erde besiedelten. Man nimmt an, dass sich Moose vor 400 bis 450 Mio. Jahren entwickelt haben. Seit dieser Zeit haben sich die Moose viele Lebensräume erschlossen. Man findet sie überall auf der Erde, u. a. in fließenden Gewässern, auf 6 000 m hohen Bergen, in den Tropen und sogar in der arktischen Kälte. Auch ihre Artenzahl ist mit etwa 26 000 Arten recht groß.

Die ältesten gefundenen Fossilien sind ca. 350 Mio. Jahre alt. Fossilien sind Reste und Spuren (z.B. Abdrücke) von Lebewesen früherer Erdzeitalter. Manche fossile Lebewesen sind nach ihrem Tod nicht verwest und zerfallen, sondern blieben bis heute erhalten.

Nach ihrem Bau unterscheidet man zwei große Gruppen von Moospflanzen. Eine Gruppe, die **Lebermoose,** dehnen sich auf dem Boden flächig aus und sind gabelig verzweigt. Zu den Lebermoosen gehört z. B. das *Brunnenlebermoos.*

Die andere Gruppe, die **Laubmoose,** bildet oft dichte Moospolster auf dem Waldboden und auf umgestürzten toten Bäumen sowie Baumstümpfen. Dazu gehören die meisten Moospflanzen, u. a. das *Goldene Frauenhaar* (auch *Widertonmoos genannt*).

3 ▸ Nachweis: Wasserspeicherung in Moospolstern

Die einzelnen Moospflanzen sind meist in **Stämmchen** und **Blättchen** gegliedert. **Rhizoide,** das sind wurzelähnliche Haftorgane, verankern die Moospflanze im Boden.

Moospflanzen enthalten den grünen Blattfarbstoff *Chlorophyll.* Sie ernähren sich von Kohlenstoffdioxid der Luft, Wasser und Mineralstoffen. Die Aufnahme dieser Stoffe erfolgt im Unterschied zu den Samenpflanzen nicht durch die Rhizoide, sondern durch die gesamte Oberfläche der Moosblättchen.

> **Moose sind in Stämmchen, Blättchen und wurzelähnliche Rhizoide gegliedert (Laubmoose) oder besitzen einen flächenförmigen Körper (Lebermoose). Sie besiedeln als Moospolster feuchte Standorte.** Ⓜ

Die Moospflanzen „fangen" Regenwasser auf und speichern dieses in den Moosblättchen sowie zwischen den Blättchen und Stämmchen. Moospolster sind also **Wasserspeicher** (Abb. 3). Das ist für den Wald von großer Bedeutung. Das in dem Polster gespeicherte Wasser versickert nur allmählich in den Boden oder verdunstet langsam. So wird auch bei großer Trockenheit ein völliges Austrocknen des Bodens verhindert. Auch die Luftfeuchtigkeit im Wald bleibt erhalten.

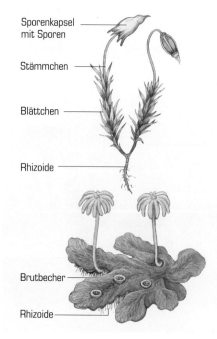

Sporenkapsel mit Sporen

Stämmchen

Blättchen

1 ▸
Widertonmoos
(Laubmoos)

Rhizoide

2 ▸
Brunnenlebermoos
(Lebermoos)

Brutbecher

Rhizoide

2

Fortpflanzung der Moose

Die Moose bilden für ihre **Fortpflanzung** auch **Sporen** aus. In Sporenkapseln reifen diese heran. Sind die Sporen voll entwickelt, platzen die Sporenkapseln auf und geben die Sporen frei. Bei günstigen Bedingungen (Wasser, Nahrung) entwickeln sich aus den Sporen die neuen Moospflanzen.

Da dieser Vorgang ohne Verschmelzung von Ei- und Samenzelle verläuft, nennt man ihn die ungeschlechtliche Phase.
  Bei der weiteren Entwicklung der Moospflanzen werden weibliche und männliche Fortpflanzungsorgane ausgebildet. Diese Phase der Entwicklung nennt man geschlechtliche Phase.
Beide Phasen wechseln sich ab (s. Abb).

1 ▸ Katharinenmoos – ein Laubmoos

2 ▸ Frauenhaarmoos

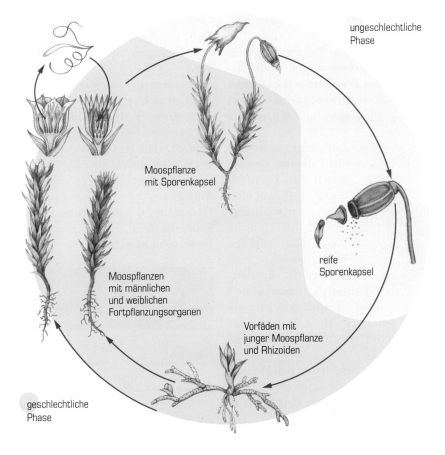

ungeschlechtliche Phase

Moospflanze mit Sporenkapsel

reife Sporenkapsel

Moospflanzen mit männlichen und weiblichen Fortpflanzungsorganen

Vorfäden mit junger Moospflanze und Rhizoiden

geschlechtliche Phase

3 ▸ Wechsel von ungeschlechtlicher und geschlechtlicher Phase während der Fortpflanzung

Farne – Lebewesen der Krautschicht

Noch heute findet man in den Steinkohleflözen oft fossile Teile der damals lebenden Farn-, Bärlapp- und Schachtelhalmpflanzen. Die Farnpflanzen kamen in einer so großen Zahl vor, dass man die Zeit damals auch das Zeitalter der Farne nennt. Noch heute gibt es viele Farnpflanzen.

Farnpflanzen gehören zu den ältesten Landpflanzen. Ihre größte Entwicklungs- und Verbreitungszeit hatten sie vor 405 bis 250 Millionen Jahren. Damals bildeten Farnpflanzen riesige Wälder, die Grundlage für die Steinkohleentstehung waren. In unseren Breiten kommen Farnpflanzen heute nur als Kräuter vor. Baumfarn (bis zu 20 m) gibt es auf der Südhalbkugel der Erde.

Aufgrund äußerer Unterschiede in der Gestalt werden die Farnpflanzen in verschiedene Gruppen eingeteilt: in **Bärlappe, Schachtelhalme** und **Farne.**

Die Krautschicht von Laub- und Mischwäldern wird vielfach durch **Farne** geprägt. Etwa 60 Arten von Farnen kommen in Mitteleuropa vor. Sie bevorzugen schattige, feuchte Wälder, wo sie häufig große Flächen bedecken. Am weitesten verbreitet sind *Wurmfarn* und *Frauenfarn*.

Farne sind wie die Samenpflanzen in **Wurzel-** und **Sprossachse** mit **Laubblättern** gegliedert. Die Sprossachse befindet sich aber oft als Erdspross (Wurzelstock) mit den davon ausgehenden **Wurzeln** im Erdboden.

Die Laubblätter werden **Wedel** genannt. Sie sind einfach bis mehrfach gefiedert. Es gibt aber auch zungenförmige und geweihähnliche Wedel. Die Wedel der Farne besitzen eine Wachsschicht als Verdunstungsschutz. In den Laubblättern befindet sich wie bei den Moospflanzen der grüne Blattfarbstoff **Chlorophyll**.

Im Unterschied zu den Moosen wird das Wasser durch die Wurzeln aufgenommen und durch Gefäße bis in die Wedel transportiert.

3 ▸ Königsfarm

Die Wedel besitzen an ihrer Unterseite **Spaltöffnungen**, durch die Kohlenstoffdioxid aus der Luft aufgenommen wird. Bei Licht werden in den Wedeln aus Kohlenstoffdioxid und Wasser mithilfe des Chlorophylls Traubenzucker und Sauerstoff gebildet. Sauerstoff wird durch die Spaltöffnungen an die Umwelt abgegeben.

Aus dem in den Wedeln gebildeten Traubenzucker entstehen weitere organische Stoffe, die zum Teil im **Wurzelstock** der Farne gespeichert werden. Die organischen Stoffe sind die Voraussetzung für das Wachstum der Farne.

Farne bilden niemals Blüten und Samen aus. Sie pflanzen sich wie die Moospflanzen durch **Sporen** fort, die in **Sporenkapseln** auf der Unterseite der Wedel gebildet werden.

> Farne sind in Spross und Wurzel gegliederte krautige Pflanzen mit großen Blättern (Wedeln).

1 ▸
Bau eines Farns

Blatt (Wedel)

Wurzelstock (Rhizom, Erdspross)

Wurzeln

Aufgaben

4. *Informiere dich über die Struktur und Funktion der Spaltöffnungen eines Laubblattes.*

gewusst · gekonnt

1. Die Hutpilze werden in zwei große Gruppen eingeteilt.

a) Betrachte die abgebildeten Pilze und beschreibe die Unterschiede.

b) Zu welchen beiden Gruppen der Hutpilze gehören die abgebildeten Pilze?

2. Zu den Pilzen gehören neben den Hutpilzen noch weitere Gruppen von Pilzen.

a) Nenne wenigstens zwei Gruppen und beschreibe ihre Bedeutung für den Menschen.
Nutze dazu Nachschlagewerke oder das Internet.

b) Beschreibe und begründe Maßnahmen zum Schutz von Nahrungsmitteln vor Pilzbefall.

3. Pilze sind keine Pflanzen. Begründe die Aussage.

4. Pilze bilden keine Blüten und auch keine Samen aus. Beschreibe ihre Fortpflanzung.

5. Beim Pilzesammeln sieht man viele Fruchtkörper giftiger und ungenießbarer Pilze.
Begründe, warum du diese nicht zerstören darfst.

6. Beim Pilzesammeln musst du bestimmte Regeln einhalten.
Nenne und begründe einige Regeln.

7. Birkenpilze findet man häufig in der Nähe von Birken.
Warum sind bestimmte Pilze nur in der Umgebung bestimmter Bäume zu finden?

8. Fertige ein Poster zum Thema „Speisepilze und Giftpilze" an.

9. Pilze sind wichtige Glieder im Stoffkreislauf der Natur.
Erläutere diesen Sachverhalt an einem Beispiel.

10. Beschreibe den Bau einer Moospflanze.
Nutze die Abbildung .

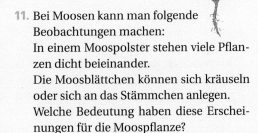

11. Bei Moosen kann man folgende Beobachtungen machen:
In einem Moospolster stehen viele Pflanzen dicht beieinander.
Die Moosblättchen können sich kräuseln oder sich an das Stämmchen anlegen.
Welche Bedeutung haben diese Erscheinungen für die Moospflanze?

12. Welche Veränderungen kann man an Moospflanzen beobachten, wenn es nach einer feuchten Witterungsperiode zu einer Trockenperiode kommt?

13. Untersuche die Wasserspeicherung eines Moospolsters.
Gehe dabei wie folgt vor:

• Lege ein Moospolster einige Stunden in ein Gefäß mit Wasser.

- Drücke das Wasser aus dem Moospolster über einem Messzylinder heraus.
- Ermittle, wie viel Wasser durch das Moospolster aufgenommen wurde.
- Werte das Untersuchungsergebnis aus.

14. Extrem viel Wasser kann das Torfmoos speichern. Es ist auch an der Bildung von Hochmooren beteiligt.

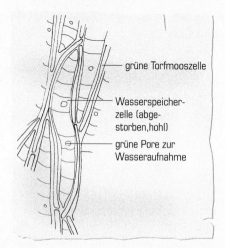

grüne Torfmooszelle

Wasserspeicherzelle (abgestorben, hohl)

grüne Pore zur Wasseraufnahme

a) Betrachte die mikroskopische Zeichnung des Blättchens eines Torfmooses. Begründe, warum es so viel Wasser speichern kann.

b) Erkunde mithilfe von Lexika oder des Internets, wie Hochmoore entstehen können.
Begründe, warum sie stark gefährdete Lebensgemeinschaften sind.

15. Vergleiche die Wasseraufnahme bei Samenpflanzen und bei Moospflanzen.

16. Begründe die folgende Aussage:
Die Farne sind wie die Samenpflanzen in Wurzel und Spross gegliedert, sind aber keine Samenpflanzen.

17. Nenne einheimische Vertreter der Moos- und Farnpflanzen und gib an, wo sie vorkommen.

18. Zu den Farnpflanzen gehören verschiedene Gruppen. Nenne diese Gruppen und bringe für jede Gruppe ein Beispiel.

19. Die Fortpflanzung der Farnpflanzen erfolgt so ähnlich wie die der Moospflanzen. Beschreibe sie mithilfe von Informationen aus Nachschlagewerken bzw. aus dem Internet.

20. Die Fortpflanzung der Farne ist an das Wasser gebunden.
Begründe diese Aussage.

21. Im Wurzelstock der Farne werden organische Stoffe gespeichert.
Welche Bedeutung haben die organischen Stoffe für den Farn?

22. Moose und Farne waren die ersten Pflanzen an Land. Ihre Vorfahren mussten sich einer ganz neuen Umwelt anpassen.
a) Erkläre, wie Moose und Farne mit ihrem Bau und ihrer Fortpflanzung an das Landleben angepasst sind.
b) Begründe, warum die Fortpflanzung der Farnpflanzen besser an das Landleben angepasst ist als die der Moospflanzen. Nutze Nachschlagewerke oder das Internet.

23. Farnpflanzen waren Ausgangspunkt für die Entstehung von Steinkohlenlagerstätten.
Bereite einen Vortrag über die Entstehung der heute auf der Erde vorkommenden Steinkohlelagerstätten vor.
Nutze dazu das Internet.

2

Pilze, Moose, Farne

Pilze

Die **Pilze** sind einzellige (Hefepilze), meist aber mehrzellige Organismen (Hutpilze, Schimmelpilze) ohne Chlorophyll in den Zellen. Die Zellwand besteht aus Chitin. Die mehrzelligen Pilze bilden ein **Pilzgeflecht** und entwickeln **Sporenträger** mit **Sporen.**

Pilze **ernähren** sich von organischen Stoffen (z. B. Traubenzucker), die zu anorganischen Stoffen (z. B. Kohlenstoffdioxid, Wasser) abgebaut werden.

Pilze pflanzen sich ungeschlechtlich durch Sporen fort.

Hut

Fruchtkörper

Stiel

Fadengeflecht (Pilzgeflecht, Myzel)

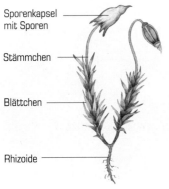

Sporenkapsel mit Sporen

Stämmchen

Blättchen

Rhizoide

Laubmoose

Laubmoospflanzen bilden Moospolster und kommen auf dem Waldboden, an Baumstämmen, auf Dächern und Mauern vor.

Sie haben als Wasserspeicher und Torflieferanten eine große Bedeutung.

Farne

Farne sind im Boden durch Wurzelstock und Wurzeln verankert.

Sie nehmen Wasser durch Wurzeln auf und geben es durch die Öffnungen in den Laubblättern (Wedeln) ab.

In den Laubblättern werden Traubenzucker und weitere organische Stoffe gebildet und im Wurzelstock gespeichert.

Die Fortpflanzung erfolgt durch Sporen.

Blatt (Wedel)

Wurzelstock (Rhizom, Erdspross)

Wurzeln

2.3 Wechselbeziehungen zwischen Lebewesen in der Lebensgemeinschaft Wald

Riesige Naturressource Wald ▶▶ Der Wald ist Lebensraum für Tiere, Pflanzen und Pilze, auch Rückzugsgebiet für besonders gefährdete Arten.

Schutz wertvoller Kulturgüter ▶▶ Die Wälder Sachsens (19 000 ha) beherbergen viele wertvolle Kulturgüter, darunter Hügelgräber, historische Grenzsteine, Wegekreuze.

Gefahren für den Wald ▶▶ Schadinsekten fallen Jahr für Jahr über die Bäume des Waldes her. Ein besonders hartnäckiger Schädling ist der Buchdrucker. Der extrem warme und trockene Sommer im Jahr 2003 löste eine Massenvermehrung dieses Käfers aus. Die Fichtenbestände in Sachsen sind dadurch in großer Gefahr.

2

Beziehungen zwischen Pflanzen und Tieren des Waldes

Zwischen den Pflanzen und den in den Schichten des Waldes lebenden Tieren bestehen vielfältige **wechselseitige Beziehungen.**

Bäume und Sträucher, aber auch Blätter, Zweige und Äste der Pflanzen und auf dem Waldboden liegendes Pflanzenmaterial werden von den Tieren zum **Bau von Wohn- und Brutstätten** sowie zum **Herrichten von Lagerstätten** verwendet. Der *Buntspecht* beispielsweise legt seine Bruthöhle im Stamm alter Bäume, z. B. von Buchen und Kiefern, an. In ihr werden die Eier ausgebrütet und die Jungvögel aufgezogen.

Durch Insekten wie *Bienen, Hummeln, Schmetterlinge, Fliegen* erfolgt die **Blütenbestäubung** vieler im Wald wachsender Samenpflanzen. In den Blüten von Sträuchern finden z. B. Bienen und Schmetterlinge Nektar und Blütenstaub als **Nahrung.**

Auch viele Vögel ernähren sich von den Früchten der Pflanzen. Dabei tragen sie gleichzeitig zur **Samenverbreitung** bei. Die Vögel holen sich die Früchte von den Pflanzen, fliegen weiter, verlieren sie dabei häufig und verbreiten dadurch die Samen. Auch wenn sie die Früchte sofort fressen, werden die unverdaulichen Samen mit dem Kot an anderen Stellen im Wald ausgeschieden. Finden die Samen Keimbedingungen vor, entwickeln sich Jungpflanzen.

Das *Eichhörnchen* trägt durch das Vergraben von Früchten und Samen, z. B. Eicheln, Walnüssen, zu deren Verbreitung bei, da es nicht alle Vorratsverstecke wiederfindet.

Die Pflanzen und die Tiere im Lebensraum Wald bilden eine **Lebensgemeinschaft.**

Lebensgemeinschaft ist eine Bezeichnung für das Zusammenleben von Pflanzen und Tieren, die sich gegenseitig beeinflussen und voneinander abhängig sind.

Aufgaben

1. *Nenne andere Lebensgemeinschaften deiner Heimat. Gehe auf die wechselseitigen Beziehungen der Lebewesen in diesen Gemeinschaften ein.*

2. *Beschreibe anhand der Fotos die Angepasstheit der abgebildeten Tiere an das Leben im Wald.*

1 ▸ Wildschwein
2 ▸ Amsel
3 ▸ Waldameise

Nahrungsbeziehungen

Eichhörnchen sind in Wäldern und Parks häufig anzutreffen. Sie werden schnell zutraulich, lassen sich füttern. Ist das Nahrungsangebot gering, z.B. in Jahren mit wenig Baumfrüchten, sinken die Eichhörnchenbestände stark ab.

Die gegenseitige Beeinflussung sowie die Abhängigkeit zwischen Pflanzen und Tieren im Wald zeigen sich besonders deutlich an der Lebenserscheinung **Ernährung.**

Die Pflanzen ernähren sich u. a. von Wasser und Mineralstoffen aus dem Waldboden. Die Tiere ernähren sich in unterschiedlicher Weise. *Maikäfer* und viele Raupen beispielsweise fressen Laubblätter der Buchen und Eichen. *Rehwild* ernährt sich u. a. von Kräutern, jungen Trieben und der Rinde junger Bäume. Diese Tiere nehmen pflanzliche Nahrung auf. Sie sind **Pflanzenfresser.**

Andere Tiere nehmen tierische Nahrung zu sich. Der *Buntspecht* holt unter der Baumrinde *Borkenkäfer* als Nahrung hervor. Der *Fuchs* erbeutet Wildkaninchen. Tiere, die sich von anderen Tieren ernähren, sind **Fleischfresser.**

Eine dritte Gruppe ernährt sich sowohl von pflanzlicher als auch von tierischer Nahrung. Das sind **Allesfresser.** Dazu gehört z.B. das *Wildschwein*.

Eine große Vielfalt solcher Nahrungsbeziehungen gibt es in der **Lebensgemeinschaft Wald.**

Eine einfache **Nahrungsbeziehung** zwischen Pflanze, Pflanzenfresser und Fleischfresser wird von Biologen als **Nahrungskette** (Abb. 1) bezeichnet.

Pflanzen sind hierbei Ausgangsglieder von Nahrungsketten. Als nächste Glieder folgen dann die Pflanzenfresser und die Fleischfresser. Die Lebewesen werden also in der Reihenfolge des „Fressens und Gefressenwerdens" angeordnet. Dabei werden oftmals die ersten Fleischfresser von weiteren Fleischfressern als Nahrung verzehrt. Beispielsweise frisst der *Borkenkäfer* Gänge in die Rinde von Fichten. Er wird vom *Specht* gefressen. Dieser wiederum ist Beute für den *Habicht*. Pilze wiederum zersetzen tote Pflanzen und Tiere. Sie schaffen damit die Lebensgrundlage für die Pflanzen.

Pflanzen fressende und Fleisch fressende Tiere verwerten meist verschiedene Nahrungsquellen. So ernährt sich das *Eichhörnchen* sowohl von Walnüssen, Eicheln und Haselnüssen als auch von Kleintieren, Jungvögeln, Vogeleiern und Pilzen.

Der *Habicht* jagt das *Eichhörnchen* wie auch den *Buntspecht,* die *Kohlmeise* und die *Waldmaus*. Die einzelnen Nahrungsketten einer Lebensgemeinschaft sind so an vielen Gliedern miteinander verbunden. Sie bilden **Nahrungsnetze** (s. S. 51).

Aufgaben

3. *Erkläre, warum es immer weniger Fleischfresser als Pflanzenfresser in einem Gebiet geben wird.*

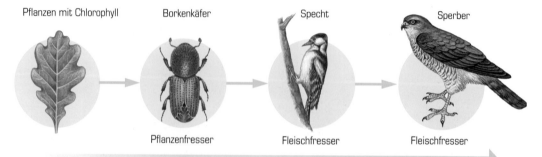

Pflanzen mit Chlorophyll — Borkenkäfer — Specht — Sperber

Pflanzenfresser — Fleischfresser — Fleischfresser

1 ▸ Beispiel einer Nahrungskette in der Lebensgemeinschaft Wald (⟶ bedeutet: wird gefressen von)

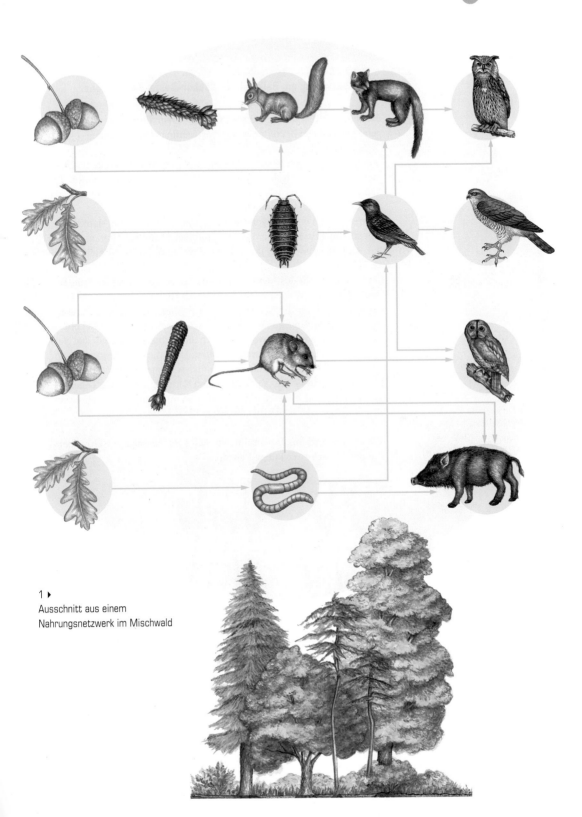

1 ▶
Ausschnitt aus einem
Nahrungsnetzwerk im Mischwald

Erschließungsfeld

Wechselwirkung am Beispiel der Räuber-Beute-Beziehungen

Besonders eng sind in einer Lebensgemeinschaft die Nahrungsbeziehungen zwischen den Beutetieren und Fressfeinden, den Räubern.

Am Beispiel von Buntspecht (Räuber) und Borkenkäfer (Beutetier) kann man die engen Wechselbeziehungen zueinander verdeutlichen (Abb. 1).
Man kann sagen, dass Borkenkäfer und Buntspecht jeweils die Anzahl, d. h. den Bestand des anderen regulieren.
Wenn sich über einen längeren Zeitraum ein ausgeglichenes stabiles Zahlenverhältnis zwischen dem Räuber und den Beutetieren herausgebildet hat, sagt man, zwischen ihnen besteht ein **biologisches Gleichgewicht** (Abb. 1).
Sind die Eingriffe des Menschen in die Lebensgemeinschaft Wald sehr groß oder ist der Wald krank und sterben die Bäume, dann hat das große Auswirkungen auf die Nahrungsnetze im Wald. Für Pflanzen fressende Tiere fallen Nahrungsquellen weg. Sie suchen sich einen anderen Lebensraum oder sterben aus. Davon sind auch die nächsten Glieder in den Nahrungsketten, die Fleischfresser, betroffen. Über die Nahrungsketten sind nämlich die Fleisch fressenden Tiere von den Pflanzen des Waldes abhängig. Das biologische Gleichgewicht in den Nahrungsnetzen der Lebensgemeinschaft Wald bricht dann vorübergehend zusammen. Nach einiger Zeit bildet sich ein neues Gleichgewicht heraus.

Die Wechselwirkung beschreibt, wie sich Lebewesen gegenseitig beeinflussen (Ursache-Wirkungs-Prinzip).

1 ▸

Wechselbeziehungen zwischen Borkenkäfer (Beutetier) und Buntspecht (Räuber)

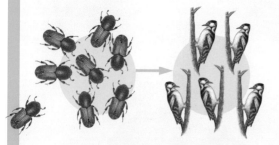

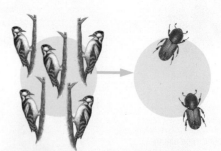

1. Je mehr Borkenkäfer, desto mehr Buntspechte

2. Je mehr Buntspechte, desto weniger Borkenkäfer

3. Je weniger Borkenkäfer, desto weniger Buntspechte

4. Je weniger Buntspechte, desto mehr Borkenkäfer

2

Bedeutung der Wälder

Große Bedeutung hat der Wald als **Lebensraum** für Pflanzen und Tiere und für die **Gesundheit des Menschen.**

Er speichert Wasser in den Moosen und im Boden und sichert unsere **Trinkwasserversorgung.**

Der Wald **„reinigt" die Luft.** Die Staubteilchen der Luft setzen sich an den Blättern ab. Sie werden vom Regen abgespült.

Der Wald **schützt vor Lärm.** Er **bewahrt den Boden vor Abtragung** durch Wasser und Wind (Erosion, Abb. 2). Die Pflanzen halten mit ihren Wurzeln den Boden fest, so dass er nicht vom Wind fortgeweht und von starken Regenfällen weggespült werden kann. Der Wald **wirkt auch ausgleichend auf das Klima.** Durch die Blätter der Waldpflanzen verdunstet viel Wasser. Dadurch wird die Luftfeuchtigkeit erhöht. Besonders an heißen und sonnigen Tagen wirkt ein Wald angenehm kühl.

Der Wald dient dem **Artenschutz.** Seltene Pflanzen und Tiere des Waldes wurden unter Naturschutz gestellt. Zu den geschützten Pflanzen gehören u. a. *Leberblümchen* (Abb. 1), *Hohe Schlüsselblume,* zu den Tieren *Eulenvögel, Siebenschläfer.*

Einige Wälder wurden vom Staat zu Naturschutz- bzw. Landschaftsschutzgebieten erklärt. Sie unterliegen besonderen Schutzmaßnahmen.

Wälder haben aber auch eine wichtige **wirtschaftliche Bedeutung.** Sie liefern den ständig nachwachsenden Rohstoff Holz. Die Produktion von Holz ist eine Rohstoffbasis für die Holz- und Papierwirtschaft.

Besucher des Waldes nutzen ihn zur **Erholung.** Sie genießen in diesem Lebensraum die Ruhe und die kühle, staubfreie Luft, erfreuen sich an den dort vorkommenden Pflanzen und Tieren.

1 ▶
Leberblümchen
(geschützt)

2 ▶
Schäden
durch Erosion

Gefahren für den Wald – Waldschäden in Sachsen

Der Wald ist Bestandteil unserer Umwelt und durch verschiedene Einflüsse gefährdet. Mögliche Gefahren, die dem Wald drohen, kann man in zwei große Gruppen einteilen:
- Lebewesen, z. B. Insekten, Wild oder Mäuse (biotische Schäden)
- Witterung und Schadstoffeinträge (abiotische Schäden).

Schäden durch Lebewesen

Lebewesen können im Wald große Schäden anrichten. Zum Beispiel schwächt das massenhafte Auftreten von **Schadinsekten** die Bäume, oft sterben sie sogar ab. Die Larven von *Buchdrucker* (Abb. 1) und *Kiefernprachtkäfer* fressen nämlich unter der Rinde Gänge. Dadurch wird die Wasser- und Nährstoffversorgung des Baumes unterbrochen (Abb. 2).

Die Raupen der *Nonne* fressen Blätter und Nadeln, so dass der Baum nicht mehr oder nur eingeschränkt zum Stoffwechsel (Fotosynthese) fähig ist. Da sich die *Nonne* im Nordosten Sachsens 2004 sehr stark vermehrte, musste man sie chemisch bekämpfen.

Auch **überhöhte Wildbestände** stellen eine Gefahr für den Wald dar. Sie behindern die Verjüngung des Waldes. *Reh-, Rot-, Dam-* und *Muffelwild,* aber auch *Hasen* verbeißen Knospen und Triebe an jungen Waldbäumen. An älteren Bäumen kann es durch Rot-, Dam- und Muffelwild zum Abschälen der Rinde kommen (Abb. 3). Der Mensch greift hier durch die Jagd regulierend ein.

Schäden durch extreme Witterungsverhältnisse und Schadstoffeinträge

Auch durch **Brände** ist der sächsische Wald stark gefährdet. In den meisten Fällen ist *menschliches Verhalten,* am häufigsten Rauchen oder sorgloser Umgang mit Feuer, für die Entstehung von Waldbränden verantwortlich. Aber auch *Blitzschlag* und *heiße Abgasanlagen* von im Wald abgestellten Fahrzeugen können Waldbrände verursachen.

Um **Waldbrände** möglichst früh zu erkennen oder gar zu verhindern, werden die sächsischen Wälder flächendeckend überwacht. 26 Feuerwachtürme sind dazu im ganzen Land verteilt.

Außerdem werden je nach Witterung und Gefährdungssituation **Waldbrandwarnstufen** (I bis IV) ausgerufen. Entsprechend der festgelegten Warnstufe treten Maßnahmen des vorbeugenden Brandschutzes in Kraft, wie z. B. Information der Bevölkerung, Besetzung von Feuerwachtürmen oder das Betretensverbot für einige Wälder.

Vom Juni 2003 bis zum Mai 2004 vermehrten sich die Borkenkäfer in Sachsen so stark, dass sie mehr als 300 000 Bäume (126 000 Kubikmeter Holz, vor allem Fichte) vernichteten.

1 ▶
Buchdrucker

2 ▶ Borkenkäferfraß

3 ▶ Schälschäden an einem Baum

1 ▸ Waldsterben

Schäden rufen unter anderem auch starke **Stürme** und die **Last von nassem Schnee** hervor, es kommt dadurch besonders in gleichaltrigen Nadelwäldern zu Wind- und Schneebruch.

Einen großen Anteil an dem schlechten Zustand der Wälder haben die hohen **Schadstoffeinträge** aus der Luft. Sie werden hervorgerufen durch menschliche Tätigkeit, durch Industrie und Verkehr. Hauptschadstoffe sind vor allem schwefel- und stickstoffhaltige Stoffe. Sie entstehen hauptsächlich bei der Verbrennung von beispielsweise Braunkohle und Öl und führen zum großflächigen Absterben der Fichtenwälder in den Hoch- und Kammlagen des Erzgebirges.

Seit 1992 kann man einen Rückgang der Schwefeleinträge verzeichnen. Aber der Anteil anderer Stoffe, die den Wald belasten, hat zugenommen. Das sind vor allem *Stickstoffverbindungen, Ozon* und *Ammonium.* Diese Schadstoffe entstehen z. B. bei der Strom- und Wärmeerzeugung in Kraftwerken, bei der Verbrennung von Kraftstoffen in Autos und bei der Tierhaltung in der Landwirtschaft.

Diese so genannten **„neuartigen Waldschäden"** sind sehr bedrohlich. Nadeln und Laubblätter vergilben, sie werden dabei zu großen Teilen abgeworfen. Der Verlust von Nadeln bzw. Blättern schränkt die Ernährung der Bäume ein und verringert deren Widerstandskraft gegenüber Hitze, Frost und Krankheitserregern.

Luftschadstoffe dringen auch mit dem Regen („saurer Regen") in den Waldboden ein und schädigen die Wurzeln. Die Aufnahme von Nährstoffen aus dem Boden wird erschwert und die Standfestigkeit der Bäume geschwächt. Dauert dieser Zustand über längere Zeit an, sterben die Bäume ab (Abb. 1).

In Sachsen wurden 2003 an jeder siebenten *Fichte* deutliche Schäden festgestellt. Etwas geringer sind die Schäden an Kiefern. Bei den **Laubbäumen** zeigt jede dritte *Buche* deutliche Schäden. Die *Eichen* sind am meisten betroffen, hier ist nahezu jeder zweite Baum geschädigt.

Zur Erhaltung der Wälder muss die Schadstoffbelastung der Luft deutlich verringert werden. Dazu trägt u. a. die Ausrüstung von Autos mit Katalysatoren ebenso bei wie Filter in Schornsteinen von Industrieanlagen.

Als Wild werden alle Tierarten bezeichnet, die dem Jagdrecht unterliegen. Rotwild ist am verbreitetsten in Deutschland. Als Muffelwild wird eine Wildschafart, als Schwarzwild werden Wildschweine bezeichnet.

Aufgaben ❓

4. *Stelle in einer Tabelle die Waldschäden, ihre Ursachen sowie die Schutzmaßnahmen zusammen.*

Erhaltung und Schutz der Wälder

Zur **Wiederaufforstung** von Schadflächen in den sächsischen Mittelgebirgen werden ganz bestimmte Baumarten ausgewählt. Sie müssen das raue Gebirgsklima aushalten, auf kargen Böden wachsen und die vorhandene Luftbelastung ertragen. Durch die Technische Universität Dresden werden deshalb auf einem Prüffeld im Tharandter Wald die Wirkungen von Luftschadstoffen auf verschiedene Baumarten genau untersucht.

Früher wurden in den sächsischen Mittelgebirgen auf geräumten Schadflächen besonders *Lärchen* angepflanzt. Sie sind sehr widerstandsfähig gegenüber dem rauen Klima, haben stark entwickelte Wurzeln und erneuern jährlich ihre Nadeln. 1992 wurde damit begonnen, die früher im Gebirge beheimateten Baumarten *Buche*, *Fichte*, *Weiß-Tanne*, *Berg-Ahorn* und *Gemeine Kiefer* wieder anzupflanzen. Durch diesen **Waldumbau** sollen anstelle der bisherigen Fichtenforste naturnahe und dauerhafte Mischwälder aus überwiegend heimischen Baumarten entstehen.

Die Erhaltung der sächsischen Wälder wird auch durch **Kalkung der Böden** (Abb. 1) unterstützt. Die Versauerungserscheinungen in den Waldböden werden gemindert und damit die Lebensbedingungen für die Baumwurzeln verbessert.

Wälder sollen dem **Artenschutz** dienen. Dazu ist es notwendig, dass sie vielfältige Lebensräume für Pflanzen, Tiere und Pilze bieten. Das erreicht man u.a. durch Verzicht auf Kahlschläge und das Belassen von Altbäumen und abgestorbenen Bäumen (Totholz) im Wald.

Ein wichtiges Anliegen der **Waldbewirtschaftung** ist die Bewahrung und Erhöhung der Vielfalt und Eigenart der Wälder.

Scheinbar ist der Luchs wieder nach Sachsen zurückgekehrt. Im Winter wurden Spuren der größten heimischen Wildkatze gefunden, vor allem in der Sächsischen Schweiz, im Vogtland, im Osterzgebirge und dem Westlausitzer Bergland. Der Luchs steht nach wie vor in der Roten Liste der ausgestorbenen bzw. verschollenen Tiere.

1 ▸ Kalkung der Wälder

Besonders Waldgesellschaften wie Auenwälder und Eichen- sowie andere Laubmischwälder müssen aufgrund ihrer Struktur und Mischung sowie ihres Artenreichtums erhalten bleiben.

Eine besonders wichtige Rolle spielt der Wald bei der **Vermeidung und Minderung von Hochwasser.**
Im Wald wird das Wasser von Niederschlägen lange gespeichert. Die Fließgeschwindigkeit des Wassers wird außerdem gemindert und gleichzeitig wird der Boden vor Erosion geschützt. Unter anderem deshalb ist die Waldmehrung ein Ziel der sächsischen Forstwirtschaft.

Das Holz der Wäldern wird umweltschonend genutzt. Dabei ist das „**Prinzip der Nachhaltigkeit**" zu wahren. Es ist eine altbewährte Verhaltensnorm der Forstwirtschaft für den verantwortungsbewussten Umgang mit dem Wald. Nachhaltigkeit heißt:

- Den Wäldern wird nur so viel Holz entnommen wie nachwächst.
- Frei gewordene Flächen sind durch natürliche Verjüngung oder Pflanzung wieder zu bewalden.
- Die Wälder sind im Einklang mit der Natur zu bewirtschaften.

Die **Bedürfnisse auch nachfolgender Generationen** sind bei der Bewirtschaftung der Wälder stets zu berücksichtigen.

Jeder **Einzelne** kann mithelfen, den Wald zu erhalten und zu schützen. Für das Verhalten im Wald ist das Einhalten von „fünf Waldgeboten" notwendig:

- Immer auf den Wegen bleiben!
- Kein Feuer anzünden!
- Keinen Lärm machen!
- Abfälle stets wieder mitnehmen!
- Bäume, Sträucher und Kräuter nicht beschädigen!

2 ▸ Hirschkäfer

Bis zum Ende des 19. Jahrhunderts war der Hirschkäfer in Sachsen weit verbreitet. Heute findet man ihn sehr selten. Ursache dafür ist u.a. die Flurbereinigung. Durch das Entfernen toter Hölzer wurden dem Käfer notwendige Nahrungs- und Lebensräume entzogen.

1 ▸ Damhirsch

gewusst · gekonnt

1. In welchen Schichten des Waldes leben folgende Tiere: Rote Waldameise, Buntspecht, Reh, Waldkauz, Eichhörnchen, Habicht?
   Beschreibe für eines dieser Tiere die Angepasstheit an das Leben im Wald.

2. Welchen Tieren dienen die Zapfen von Nadelbäumen als Nahrung?
   Erkläre, wie diese Tiere an die Samen im Zapfen herankommen.

3. In den Forsten wird die Ansiedlung der Roten Waldameise gefördert.
   Begründe, warum diese Maßnahme den Erhalt der Wälder unterstützt?

4. Erkläre, warum Mischwälder widerstandsfähiger gegenüber Umwelteinflüssen sind als reine Fichtenwälder.

5. Stelle verschiedene Nahrungsketten des Waldes auf. Verwende dazu die folgenden Lebewesen: Eichhörnchen, Mäusebussard, Sperber, Eichenwicklerraupe, Eichel, Fichten, Specht, Kohlmeise, Eichenblätter, Borkenkäfer und Baummarder.

6. Ordne die Namen folgender Lebewesen in die Gruppen der Pflanzen- und Fleischfresser ein: Mäusebussard, Wildkaninchen, Fuchs, Ringeltaube, Habicht.

7. Erkläre, warum das Versprühen von Insektengiften auch Einfluss auf viele andere Lebewesen der Lebensgemeinschaft Wald hat.

8. Informiere dich, ab welcher Waldbrandwarnstufe die Wälder nicht mehr betreten werden dürfen. Nutze auch das Internet.

9. Vergleiche die Lebensgemeinschaft „Wald" mit einer „Familie".

10. Schau dir das Diagramm einer Räuber-Beute-Beziehung an.
    a) Beschreibe, wie die Zahl der Beutetiere die der Räuber beeinflusst.
    b) Wieso dürfen nicht zu viele Räuber in einem Gebiet leben?
    c) Was würde passieren, wenn es keine Räuber in einem Gebiet gäbe?

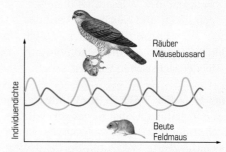

11. Teste die Luft deiner Schulumgebung auf Staubbelastung. Lege dazu an verschiedenen Stellen Klebestreifen mit der Klebefläche nach oben aus. Sammle die Streifen nach einer Stunde wieder ein. Vergleiche die verschiedenen Klebestreifen. Finde Ursachen für aufgetretene Unterschiede.

12. Eine nachhaltige Entwicklung von Lebensräumen erfordert ein Nachdenken über die Ansprüche zukünftiger Generationen.
    a) Erkläre, warum es wichtig ist, dass der Wald auch in hundert Jahren noch existiert.
    b) Beschreibe Maßnahmen, die der Erhaltung der Wälder dienen.

13. Untersuche Bäume deiner Schulumgebung auf Schadensmerkmale. Was stellst du fest?

14. Informiere dich über Schutzgebiete in deiner Umgebung.
    Welche Regeln gelten für diese Schutzgebiete?

2

Das Wichtigste auf einen Blick

Der Wald hat eine große Bedeutung für alle Lebewesen. Er ist Lebensraum für viele Organismen. Für den Menschen spielt er eine große Rolle:

- als Wasserspeicher und Trinkwasserreservoir

- als Erholungsort und Schutz gegen Lärm

- bei der Holzgewinnung

- in der Beeinflussung der Luftfeuchtigkeit

- beim Schutz des Bodens gegen Austrocknung und Erosion

Zwischen den Bewohnern des Waldes gibt es enge Wechselbeziehungen, z. B. Nahrungsbeziehungen.

Nahrungskette im Wald

Gefahren für den Wald drohen u. a. durch Schadinsekten, Waldbrände und Stürme. Durch Eingriffe des Menschen wird die Zusammensetzung der Lebensgemeinschaft Wald, sein ökologisches Gleichgewicht, beeinflusst.

Eingriffe des Menschen (Auswahl)

Luftverunreinigung | Kahlschlag | Waldumbau

3

Wirbellose Tiere in ihren Lebensräumen

③

3.1
Vielfalt wirbelloser Tiere

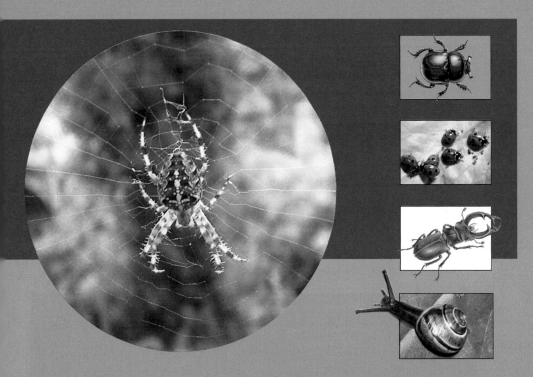

Leben in allen Lebensräumen der Erde ▶▶ Die Menschen leben
auf dem Planeten Erde seit etwa 2,5 Millionen Jahren. Wirbellose Tiere besiedeln die Erde 600-mal länger. Einige Vertreter zählen zu den winzigsten Tieren der Welt und sind
nur mithilfe des Mikroskops sichtbar, andere sind größer
und schwerer als manche Wirbeltiere. In ihrer Artenzahl
übertreffen sie die Wirbeltiere. Sie besiedeln alle Lebensräume der Erde, ja leben sogar in anderen Lebewesen.

68 000 Arten von Spinnentieren auf der Erde ▶▶ In Deutschland
sind es nur 2300 Arten. Zum Nahrungserwerb haben sie
verschiedene Techniken entwickelt. Entweder sie betäu-
ben ihre Opfer mit Gift oder sie bauen kunstvolle Netze,
mit denen sie ihre Beute fangen. Sie warten dann so lange,
bis das Opfer sich in dem Fadengespinst verstrickt hat und
können es dann vertilgen.

Wirbellose Tiere – ein Überblick

Silberfischchen
(ca. 10 mm)

Springschwanz
(ca. 4 mm)

Florfliege
(ca. 15 mm)

Stechmücke
(ca. 10 bis
15 mm)

Ameise
(ca. 6 bis
13 mm)

Laufkäfer
(ca. 13 mm)

1 ▸
Kartoffelkäfer
bei der Paarung

Bei einem Spaziergang durch den Wald kann man viele kleine Tiere sehen: sie krabbeln auf dem Boden, sie schwirren in der Luft, sie saugen sich auf der Haut fest. Sie leuchten in den prächtigsten Farben, unterscheiden sich in Größe und Aussehen. Trotz dieser Formenvielfalt haben sie eins gemeinsam: sie besitzen im Innern ihres Körpers **keine Wirbelsäule**. Deshalb bezeichnet man sie auch als **wirbellose Tiere**.

Gegenwärtig sind weit über 1 Million verschiedener wirbellose Tierarten bekannt. Dagegen gibt es nur etwa 48 000 verschiedene Wirbeltierarten. Die meisten wirbellosen Tiere gehören zur Gruppe der **Insekten** (ca. 800 000 Arten).

Die wirbellosen Tiere besiedeln alle **Lebensräume**. Einige wirbellose Tiere leben ständig in **Häusern**, z. B. das *Silberfischchen* und der *Menschenfloh*. Andere wirbellose Tiere sind nicht nur im Haus, sondern auch an anderen Orten zu finden, z. B. die *Kellerassel* unter Steinen, die *Florfliege* auf Blüten.

Viele wirbellose Tiere leben im **Boden**, z. B. der *Regenwurm* und die *Maulwurfsgrille*. Sie tragen zur Durchmischung des Bodens bei.

Andere Wirbellose wiederum haben ihren Lebensraum in der **Waldstreu** und in **Kompostablagerungen,** z. B. *Springschwänze*. Sie ernähren sich von abgestorbenen Organismen und bewirken so, dass tote Lebewesen zersetzt werden.

3

Auch auf Bäumen und Sträuchern, in den Blättern von Pflanzen und im Wasser sind wirbellose Tiere zu finden. Der *Gelbrandkäfer* z. B. lebt im Wasser. Selbst in unserer Haut und im Innern unseres Körpers können wirbellose Tiere leben, z. B. *Spulwürmer*.

Viele wirbellose Tiere **beeinflussen unser Leben** direkt, z. B. als Überträger von Krankheitserregern (Anophelesmücke und Malariaerreger) oder als Lieferanten von Nahrung (Honigbiene und Honig).

Andere Wirbellose können uns lästig werden, z. B. die *Mücke*, oder Schäden an Bäumen anrichten, z. B. der *Blaue Kiefernprachtkäfer*.

Wirbellose Tiere sind ein wesentlicher Teil der **lebenden Natur**. Sie sind für die Aufrechterhaltung des Gleichgewichts in der Natur unersetzbar.

Zu den wirbellosen Tieren gehören außer den Insekten noch Tiergruppen wie Spinnentiere, Krebstiere, Weichtiere, Ringelwürmer, Plattwürmer, Rundwürmer, Hohltiere.

> Als Wirbellose werden Tiere bezeichnet, die keine Wirbelsäule besitzen. Ⓜ

Aufgaben ⟨**?**⟩

1. *Vergleiche die in den Randspalten dargestellten Tiere.*
   Ordne die Tiere nach ihren Körpermerkmalen.

Zecke
(ca. 4 mm)

Kohlweißling
(Spannweite
bis 50 mm)

Weberknecht
(ca. 11 mm)

Kellerassel
(bis 16 mm)

Schnurfüßer
(ca. 10 bis 45 mm)

Gemeiner Ohrwurm
(ca. 9 bis 16 mm)

1 ▸
Hausspinne
auf einem Pilz

Wirbellose Tiere im Gewässer

Gelbrandkäfer – ein Insekt

Lebensraum:	in Gewässern von Europa, Nordamerika
Merkmale:	bis 40 mm, Flügeldecken und Halsschild sind gelb umrandet, Männchen Saugnäpfe an Vorderbeinen, räuberische Lebensweise
Nahrung:	kleine Lebewesen und Aas

Ohrenqualle – ein Hohltier

Lebensraum:	in allen Meeren, häufig in der Ostsee
Merkmale:	frei schwimmend, 25–40 cm Durchmesser, schirmartige Körperform, durchscheinend, am Rand des gallertartigen Schirms zahlreiche kurze Fangarme, 4 kräftige Fangarme umgeben Mundöffnung, innen Magenhöhle
Nahrung:	Plankton, kleine Meerestiere

Gemeiner Wasserfloh – ein Krebstier

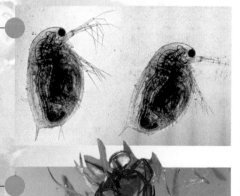

Lebensraum:	Kleingewässer, weltweit
Merkmale:	Länge 1,2– 4 mm, Körper geschützt zwischen zwei Chitinschalen, Kopf und Antennen ragen heraus, große Komplexaugen, 5 Paar Beine mit Filterborsten, wichtiges Fischfutter
Nahrung:	kleine Algen, Bakterien, Schwebstoffe

Wasserspinne – ein Spinnentier

Lebensraum:	stehende und langsam fließende saubere Gewässer in Europa
Merkmale:	Länge 8–15 mm, spinnt zwischen Wasserpflanzen glockenförmige Netze, füllt sie mit Luft als Sauerstoffvorrat, Luftglocken sind Wohn- und Lebensraum
Nahrung:	kleine Wassertiere (Wasserasseln)

Gemeiner Tintenfisch – ein Weichtier

Lebensraum:	Mittelmeer bis Nordsee
Merkmale:	Länge 30– 40 cm, 8 Kopfarme (Kopffüßer) und 2 lange Fangarme mit Saugnäpfen, Fortbewegung durch Rückstoßprinzip und Flossensaum, bei Gefahr Abgabe eines dunklen Farbstoffes, Räuber
Nahrung:	Fische, Muscheln

3

Wirbellose Tiere auf dem Land

Rotknie-Vogelspinne – ein Spinnentier

Lebensraum:	in tropischen Ländern auf Büschen, Bäumen, unter Baumwurzeln
Merkmale:	große Kieferklauen, filzartige Behaarung, Körperlänge mit Beinen 25 cm, braun mit rötlichem Schimmer
Nahrung:	Insekten, Frösche, junge Vögel

Feld-Maikäfer – ein Insekt

Lebensraum:	Gärten, Parks, Wälder in großen Teilen Europas
Merkmale:	braune Flügeldecken, dunkles Schild, Fächerfühler, Entwicklung 2–3 Jahre bis zum Vollinsekt
Nahrung:	Blätter der Bäume

Kellerassel – ein Krebstier

Lebensraum:	Keller, Gewächshäuser, unter Steinen (feuchte Lebensräume)
Merkmale:	etwa 1,6 cm, dunkelgrauer, abgeplatteter Körper ohne Kopfbruststück, Körperoberseite gekörnelt, atmet mit Kiemen (sackförmige Einstülpungen an den hinteren Beinen)
Nahrung:	Fall-Laub, abgestorbene Pflanzen,

Roter Waldregenwurm – ein Ringelwurm

Lebensraum:	Humus, Spreu von Wäldern, im Wiesenboden, Kompost, Fall-Laub
Merkmale:	Länge bis 15 cm, leuchtend rotbraun bis violett, Körper geringelt, kommt tagsüber öfter an die Erdoberfläche
Nahrung:	organische Stoffe vermischt mit Boden

Große Wegschnecke – ein Weichtier

Lebensraum:	Wälder, Wegränder, Wiesen, Gebüsche (feuchte, schattige Stellen)
Merkmale:	Nacktschnecke, etwa 10–15 cm Länge, Rückenfärbung rot, braun oder schwarz, Fußsaum rot mit dunklen Querstrichen, Haut runzlig
Nahrung:	Pflanzenteile

3.2
Der Regenwurm – ein Ringelwurm

Klein und groß ▶▶ Weltweit gibt es über 3 000 Arten von Regenwürmern, in Deutschland sind es immerhin ca. 35. Der Gemeine Regenwurm ist die bekannteste Art. Er kann eine Länge von 30 cm erreichen. Der Riesenregenwurm lebt in tropischen Ländern. Er wird bis zu 300 cm lang.

Reger Wurm ▶▶ Der Name Regenwurm rührt nicht daher, dass die Tiere bei Regen an die Erdoberfläche kommen. Vielmehr gaben ihm die Leute im 16. Jahrhundert den Namen „reger Wurm" wegen seiner aktiven Lebensweise. Daraus wurde später dann Regenwurm.

Natürlicher Bodenauflockerer ▶▶ Der Gemeine Regenwurm lebt verborgen in der Erde und frisst sich regelrecht durch den Boden. Die Gänge, die er dabei hinterlässt, tragen zur Durchlüftung des Bodens bei.

3

Körpergliederung und Bau des Regenwurms

Der *Gemeine Regenwurm* (Abb. 1) hat einen lang gestreckten, walzenförmigen und weichen Körper, der am Vorder- und Hinterende zugespitzt ist. Er besitzt eine nackte, dünne und schleimige Haut.

Wenn man ihn z. B. mit einer Lupe betrachtet, kann man erkennen, dass der Körper in eine Vielzahl (bis zu 180) fast gleichförmiger Ringe gegliedert ist. Der *Gemeine Regenwurm* gehört in die Gruppe der **Ringelwürmer.**

Jeder Körperring, Segment genannt, besitzt vier Paar kurze, steife **Borsten.** Die äußere Gliederung (Segmentierung) des Regenwurms setzt sich nach innen fort (Abb. 2). Querwände grenzen die einzelnen Ringe voneinander ab. Der **Darm** durchzieht den gesamten Körper von der Mundöffnung bis zum After als gestrecktes Rohr. Das Blut fließt in einem Blutgefäßsystem, das aus einem Rücken- und einem Bauchgefäß besteht. Diese beiden sind durch Ringgefäße miteinander verbunden. Ein solches System wird als **geschlossener Blutkreislauf** bezeichnet. Bauchseits verlaufen zwei dicht beieinander liegende Nervenstränge durch den Körper. Ihre Form erinnert an eine Strickleiter. Die Biologen sprechen deshalb von einem **Strickleiternervensystem.** Jeder Ring enthält ein Paar trichterförmige **Ausscheidungsorgane**, die überschüssige Flüssigkeit aus dem Körper befördern. Unter der äußeren Haut liegt der **Hautmuskelschlauch.** Dieser besteht aus je einer Schicht Ring- und Längsmuskeln.

Der Körper des Regenwurms ist gleichmäßig aufgebaut (gegliedert). Deshalb gehören die Regenwürmer zu den Gliertieren.

Aufgaben

1. *Halte mithilfe der fett gedruckten Begriffe einen Kurzvortrag über den Bau des Regenwurms.*

1 ▸
Regenwurm
im Kompost

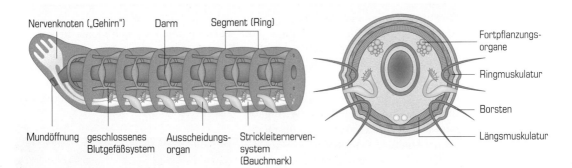

Nervenknoten („Gehirn")   Darm   Segment (Ring)

Fortpflanzungs-
organe

Ringmuskulatur

Borsten

Längsmuskulatur

Mundöffnung   geschlossenes   Ausscheidungs-   Strickleiternerven-
Blutgefäßsystem   organ   system
(Bauchmark)

2 ▸ Beim Ringelwurm (Längs- und Querschnitt) stimmen äußere und innere Körpergliederung fast überein.

Lebensweise des Regenwurms

Fortbewegung: Der *Gemeine Regenwurm* bewegt sich kriechend fort. Verantwortlich dafür ist sein **Hautmuskelschlauch**. Durch Zusammenziehen der *Ringmuskeln* wird der Körper gestreckt, er wird dünn. Dabei erschlaffen die *Längsmuskeln*. Anschließend ziehen sich die Längsmuskeln zusammen und die Ringmuskeln erschlaffen. Der Regenwurm wird an dieser Stelle dicker und zieht den Körper nach (Abb. 1). Die **Borsten** unterstützen die Fortbewegung, indem sie sich im Boden festhalten und ein Zurückgleiten verhindern.

Durch das abwechselnde Zusammenziehen und Erschlaffen der Muskeln entsteht eine wellenförmige Bewegung, dadurch bewegt er sich vorwärts.

machen. Er müsste ersticken. Deshalb kommt er nachts zur Nahrungssuche aus seinen selbst gegrabenen Erdröhren und lebt tagsüber im feuchten Boden. Er ist ein **Feuchtlufttier** und gut an das Leben im Boden angepasst.

> Der Regenwurm bewegt sich kriechend vorwärts. Er ist ein Hautatmer und ein Feuchtlufttier. ⓜ

Fortpflanzung: Der Regenwurm besitzt sowohl männliche als auch weibliche Geschlechtsorgane. Er ist ein **Zwitter**. Zur Fortpflanzung müssen sich jedoch immer zwei Tiere paaren, denn es erfolgt stets eine wechselseitige Begattung.

Dabei legen sich zwei geschlechtsreife Tiere mit den Vorderenden an einer rot gefärbten, ringförmigen Verdickung, dem **Gürtel**, aneinander und tauschen Samenzellen aus (Abb. S. 66).

Die Samenzellen werden in Samentaschen im Inneren des Körpers aufbewahrt. Sind die Eizellen reif, sondert der Gürtel Schleim ab und bildet somit eine schützende Hülle, die wie eine Manschette den Körperabschnitt umgibt.

Nun windet sich der Regenwurm aus der Schleimhülle heraus, dabei findet die Befruchtung statt. Die Schleimhülle erhärtet an der Luft, sie wird zu einem **Kokon**. In ihm befinden sich die befruchteten Eizellen. Aus den befruchteten Eizellen entwickeln sich kleine Regenwürmer.

Die Entwicklungsdauer ist u.a. von der Bodentemperatur abhängig. Sie dauert in unseren geografischen Breiten etwa drei bis vier Wochen.

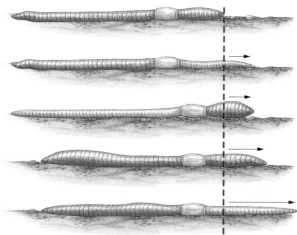

1 ▸ Kriechbewegung beim Regenwurm
(──► Bewegungsrichtung)

Atmung: Tagsüber halten sich die Regenwürmer im kühlen und feuchten Erdboden auf. Sie meiden also Sonne und Trockenheit. Der hohe Feuchtigkeitsbedarf der Regenwürmer hängt mit ihrer Atmung zusammen. Der Regenwurm hat kein besonderes Atmungsorgan. Die Aufnahme von Sauerstoff und die Abgabe von Kohlenstoffdioxid erfolgen durch die dünne, feuchte und schleimige Haut. Er ist ein **Hautatmer**. Starke Sonneneinstrahlung würde seine Haut austrocknen und sie für Atemluft unpassierbar

> Der Regenwurm ist ein Zwitter. Zur Fortpflanzung findet eine Paarung statt. ⓜ

Reaktion auf Umwelteinflüsse: Der Regenwurm besitzt keine Augen. Trotzdem kann er hell und dunkel unterscheiden. Verantwortlich dafür sind lichtempfindliche Zellen, die über die gesamte Körperoberfläche verteilt sind. Am Kopfende liegen sie besonders dicht beieinander. Diese lichtempfindlichen Zellen stehen mit dem „Gehirn" und dem Strickleiternervensystem in Verbindung. Gelangt der Regenwurm tagsüber an die Erdoberfläche, nehmen die Lichtsinneszellen die Lichtunterschiede wahr. Er kriecht wieder ins Dunkle zurück.

Der Regenwurm ist auch in der Lage, Berührungen und Erschütterungen wahrzunehmen. Er zieht sich daraufhin ebenfalls sofort in seine Erdröhre zurück.

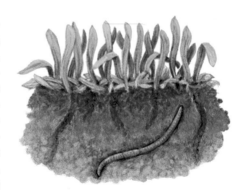

> (M) Der Regenwurm kann auf Einflüsse der Umwelt, z.B. auf Licht und Berührung reagieren.

Ökologische Bedeutung der Regenwürmer: Der **Lebensraum** der Regenwürmer ist der Boden. Sie leben in einem verzweigten **Röhrensystem**, das von der Erdoberfläche bis in 2 Meter Tiefe reicht. Das Röhrensystem wird ständig ausgebaut und erweitert, indem sich die Regenwürmer regelrecht durch das Erdreich bohren und fressen. Die neu entstandenen Gänge werden anschließend mit Schleim und Kot ausgekleidet, so dass keine Erde nachrutschen kann.

Nachts ziehen Regenwürmer Blätter, Gräser oder abgestorbene Pflanzenteile als Nahrung in ihre Erdröhren (Abb. oben). Diese werden jedoch nicht sofort gefressen, sondern erst wenn sie durch die Tätigkeit von Mikroorganismen zersetzt sind. Die zersetzten Stoffe werden dann zusammen mit Erde durch den zahnlosen Mund aufgenommen. Unverdaute Nahrungsreste und Mineralien findet man oft als kleine Kothäufchen an der Erdoberfläche unmittelbar neben der Öffnung von Wurmröhren. Auf diese Weise tragen Regenwürmer mit ihrem Kot zur **Humusbildung** sowie **Bodendurchmischung** und damit zur **Verbesserung der Bodenfruchtbarkeit** bei.

Der Regenwurm war 2004 wirbelloses Tier des Jahres.

Die Regenwürmer führen in ihrer langsamen, aber ständigen Tätigkeit die gleiche Arbeit aus, die durch Graben, Pflügen und Düngen in kurzer Zeit, aber mit großem Aufwand, durch den Menschen vollbracht wird. Außerdem stellt der weiche, fleischige Körper der Regenwürmer ein wichtiges Glied in Nahrungsketten dar, denn sowohl Maulwürfe und Spitzmäuse als auch Igel und Kröten bzw. viele Vogelarten fressen sie mit Vorliebe.

Das Röhrensystem des Regenwurms stellt ein ideales Bewässerungs- und Durchlüftungssystem des Bodens dar. Die Regenwurmröhren erleichtern das Eindringen von Regenwasser und Luft in den Erdboden.

Durch Tiefpflügen mit schweren Maschinen und der damit verbundenen Bodenverdichtung, durch Gülleaufbringung und den Einsatz von chemischen Mitteln wird dem Regenwurmbestand auf landwirtschaftlich genutzten Flächen großer Schaden zugefügt. Dadurch wird auch die Nahrungsgrundlage für andere Tiere gefährdet.

Aufgaben

2. *Beschreibe die Angepasstheit des Regenwurms an das Leben in der Erde.*

3. *Beschreibe die Gefahren für den Regenwurm und leite Schutzmaßnahmen ab.*

Beobachtung • Experiment

Ermittle Reaktionen des Regenwurms auf Umwelteinflüsse

Materialien:
Regenwürmer, Glasröhre, dunkle Hülle, Holzstäbchen, Papier, Filterpapier, Wasser

1. Untersuche die Fortbewegung des Regenwurms

Durchführung und Beobachtung:
a) Setze einen Regenwurm auf Papier und beobachte seine Fortbewegung.
b) Horche sehr genau auf Bewegungsgeräusche.

Auswertung:
Beschreibe die Fortbewegung des Regenwurms.
Finde eine Erklärung für die Bewegungsgeräusche.

2. Untersuche die Lichtempfindlichkeit des Regenwurms

Durchführung und Beobachtung:
a) Schiebe eine dunkle Hülle über die Glasröhre mit dem Regenwurm und beobachte.
b) Setze durch Verschieben der Hülle das Vorder- bzw. Hinterende des Regenwurms (jeweils 2 cm) dem Licht aus und beobachte.

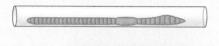

Auswertung:
a) Beschreibe die Reaktion des Regenwurms auf Licht.
b) Begründe das Verhalten des Regenwurms.

Untersuche die Durchmischung des Bodens durch Regenwürmer

Vorbereitung:
a) Überlege, wie Regenwürmer den Boden durchmischen können und wie das zu beobachten ist.
b) Stelle an Material und Geräten bereit: ein Becherglas oder ein kleines Aquarium, hellen Sand, lockere humushaltige Gartenerde, Wasser, Regenwürmer.
c) Bereite eine Futtermischung für die Regenwürmer vor. Sie soll Kaffeesatz, klein geschnittene Apfelschalen, Wurstschale aus Naturdarm oder ähnliche Küchenabfälle sowie Laub und grüne Blätter enthalten.

Durchführung:
a) Fülle das durchsichtige Gefäß etwa zu einem Drittel mit hellem Sand.
b) Schichte darüber etwa ebenso viel lockere humushaltige Gartenerde.
c) Befeuchte die Gartenerde gut mit Wasser.
d) Achtung, das Wasser darf sich nicht stauen. Setze dann eine Anzahl von Regenwürmern (10 bis 30 Stück) auf die Gartenerde. Gib eine 3 bis 5 cm dicke Schicht des Futtergemisches darauf.
e) Zeichne den Versuchsansatz (s. unten).
f) Beobachte mehrere Wochen lang.

Auswertung:
a) Was hat sich nach einigen Wochen verändert?
b) Stelle die Veränderungen in einer Zeichnung dar.
c) Vergleiche dann beide Zeichnungen und erkläre die Unterschiede.

3

1. Betrachte mit bloßem Auge und mithilfe einer Lupe einen Regenwurm. Beschreibe seinen äußeren Bau.

2. Regenwürmer haben keine Augen. Trotzdem können sie auf wechselnde Lichtverhältnisse reagieren. Begründe.

3. Regenwurm und Maulwurf sind durch ihren Körperbau an ihre unterirdische Lebensweise angepasst.
   a) Vergleiche den äußeren Bau beider Arten.
   b) Beschreibe die Angepasstheit an einzelnen Körpermerkmalen.

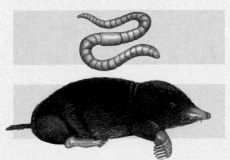

4. Erkläre, warum Schlangen keine Würmer sind.

5. Fülle ein Becherglas mit lockerer Erde und beobachte, wie sich der Regenwurm eingräbt. Beschreibe deine Beobachtungen.

6. Begründe, warum in sandigen Böden Regenwürmer kaum zu finden sind.

7. Aus welchem Grund kann man Regenwürmer nicht an trockenen, heißen Sommertagen beobachten?

8. Begründe, warum durch Tiefpflügen und Gülleaufbringung der Regenwurmbestand auf vielen Äckern stark zurückgegangen ist.

9. Begründe, warum die Regenwürmer bei starkem Regen ihre Röhren verlassen.

10. Berühre vorsichtig einen Regenwurm mit einem Glasstab oder mit der Bleistiftspitze an verschiedenen Stellen des Körpers. Was stellst du fest?

11. Setze einen Regenwurm auf die trockene Seite eines zur Hälfte angefeuchteten Blattes Filterpapier / Löschpapier.
    a) Beobachte, wohin der Regenwurm kriecht.
    b) Ziehe Schlussfolgerungen aus deinen Beobachtungen. Begründe die Angepasstheit dieses Verhaltens.

12. Beschreibe anhand der Abbildungen das Leben der Regenwürmer in den verschiedenen Jahreszeiten.

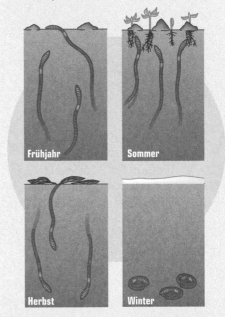

13. Im Waldboden leben besonders viele Regenwürmer. Der Förster bezeichnet sie auch als „Gärtner" des Waldes. Begründe diese Aussage.

Das Wichtigste auf einen Blick

Der Regenwurm

Der Regenwurm gehört zu den wirbellosen Tieren. Sein Körper ist in gleichförmige Ringe (Segmente) gegliedert. Deshalb gehört er in die **Gruppe der Ringelwürmer.**

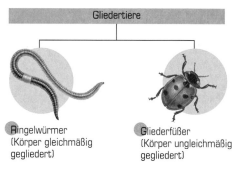

Gliedertiere

Ringelwürmer
(Körper gleichmäßig gegliedert)

Gliederfüßer
(Körper ungleichmäßig gegliedert)

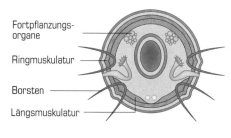

Fortpflanzungsorgane

Ringmuskulatur

Borsten

Längsmuskulatur

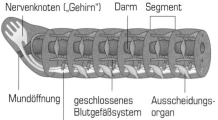

Nervenknoten („Gehirn")   Darm   Segment

Mundöffnung   geschlossenes Blutgefäßsystem   Ausscheidungsorgan

Strickleiternervensystem (Bauchmark)

Die Ringelwürmer sind lang gestreckte, wirbellose Tiere, deren Körper zylinderförmig oder abgeplattet sowie außen und innen in Segmente (Ringe) gegliedert ist.

Jedes Segment hat im Innern Anteil an den Organsystemen, z. B. dem Strickleiternervensystem, dem geschlossenen Blutgefäßsystem, dem Ausscheidungssystem, dem Verdauungssystem.

Ringelwürmer bewegen sich mithilfe des **Hautmuskelschlauches**, der Borsten (z. B. Regenwurm, Meeresringelwurm) oder der Saugnäpfe (z. B. Blutegel) fort. Sie leben sowohl im Boden (z. B. Regenwurm) als auch im Süßwasser (z. B. Blutegel) und im Meer (z. B. Meeresringelwurm, Sandpierwurm).

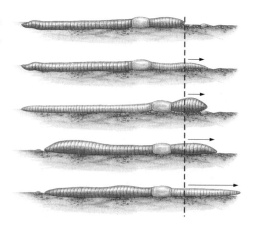

Der Regenwurm ist ein **Hautatmer.** Daher hält er sich im kühlen und feuchten Erdboden auf. Er ist ein **Feuchtlufttier**.

Regenwürmer sind **Zwitter**.

3.3
Insekten in ihren Lebensräumen

Größte Tiergruppe der Welt ▸▸ Die Gruppe der Insekten umfasst etwa drei Viertel aller Tiere. Man findet sie in allen Lebensräumen. Wissenschaftler haben die Insekten geordnet und in Gruppen zusammengefasst.

Nutzen wie Schaden ▸▸ Unter den Insekten gibt es eine Vielzahl, die dem Menschen Nutzen bringt bzw. ihm Schaden zufügt. Es gibt also Nutzinsekten und Schadinsekten. In Bäckereien und Großküchen kannst du oftmals die Hausschabe als Vorratsschädling beobachten.

Bedrohte Tierart ▸▸ Viele Insekten sind vom Aussterben bedroht bzw. gefährdet, weil der Mensch ihre Lebensräume zerstört. Zu den gefährdeten Schmetterlingen gehört der Trauermantel.

Vielfalt der Insekten

Insekten, bei denen viele Merkmale übereinstimmen, werden einer gemeinsamen Insektengruppe zugeordnet (z. B. Käfer).

Mit ungefähr 800 000 Arten sind die Insekten auf der Erde die am meisten verbreitete Tiergruppe. Sie bewohnen fast alle Lebensräume.

Um eine Ordnung in die vielen Arten zu bringen, wurde ein **Ordnungssystem** aufgestellt, in dem die Insekten nach ihrem äußeren und inneren Bau, aber auch nach ihrer stammesgeschichtlichen Entwicklung zusammengefasst wurden.

Ein wesentliches **Merkmal der Zuordnung** zu Insektengruppen ist beispielsweise die **Anzahl** und **Form der Flügel.** Diese sind bei den verschiedenen Insekten sehr unterschiedlich.

Man unterscheidet danach z. B. die Käfer, Schmetterlinge, Hautflügler und Zweiflügler. Insektengruppen werden von den Biologen auch **Insektenordnungen** genannt.

Betrachtet man einen **Käfer,** z. B. *Maikäfer* (Abb. 1), findet man 2 feste Vorderflügel. Diese werden Deckflügel genannt. Sie schützen den Körper und die unter ihnen liegenden dünnhäutigen Hinterflügel. Diese dienen dem Fliegen.

Farbenprächtige **Schmetterlinge** sieht man vor allem im Sommer. Sehr häufig ist in unseren Breiten z. B. das *Tagpfauenauge.* Die Vorder- und Hinterflügel dieses Schmetterlings sind dünnhäutig. Sie besitzen einen Überzug aus dachziegelartig angeordneten Schuppen. Vorder- und Hinterflügel werden beim Fliegen genutzt.

Stubenfliegen oder *Schmeißfliegen* sind lästige Plagegeister. Sie gehören wie auch die Mücken zu den **Zweiflüglern.** Ihr wichtiges Merkmal sind 2 häutige Vorderflügel, mit denen sie fliegen. Die Hinterflügel sind zu Schwingkölbchen umgewandelt. Damit halten die Tiere ihr Gleichgewicht beim Fliegen.

Bei einer *Wespe* (Abb. 2) findet man ähnlich ausgebildete Vorder- und Hinterflügel. Sie sind dünnhäutig und durchsichtig und dienen dem Fliegen. Die Insektenordnung mit solchen Flügeln heißt **Hautflügler.**

> Ein Teil der großen Tiergruppe Insekten wird nach der Anzahl und der Ausbildung der Flügel in Insektenordnungen unterteilt. **M**

Aufgaben **?**

1. *Informiere dich über weitere Insektenordnungen und ihre wesentlichen Merkmale. Bringe für jede Ordnung einen Vertreter.*

1 ▸ Maikäfer

2 ▸ Wespe

3

Methoden

Wir bestimmen Insektengruppen

1	• Körper geflügelt, deutlich 4 gleichartige Flügel oder 2 gleichartige Flügel 2

1* Körper

1*	• Körper scheinbar ungeflügelt oder 2 Flügeldecken und 2 häutige Hinterflügel 3

2	• Flügel durchscheinend 4

3

2*	• Flügel undurchsichtig gefärbt durch bunte Schuppen 5

3	• Mundwerkzeuge zangenförmig ausgebildet **Käfer**

3*	• Mundwerkzeuge fadenförmig oder rüsselförmig ausgebildet **Wanzen** oder **Schmetterlinge**

3* Wanze

3* Schmetterling

4	• Vorder- und Hinterbeine gleich lang • Hinterbeine nicht als Sprungbeine 6

4*	• Vorderbeine kürzer als Hinterbeine • Hinterbeine als Sprungbeine **Heuschrecken**

4*

5	• Flügel weiß oder lebhaft bunt gefärbt • Körper schlank • Fühlerende knopf- oder keulenförmig **Tagfalter (Schmetterlinge)**

5*	• Flügel oft unauffällig gefärbt • Körper dick • Fühlerende kamm- oder borstenförmig **Nachtfalter (Schmetterlinge)**

5

5*

6	• Körper und Flügel etwa gleich lang • Hinterflügel als Schwingkölbchen **Zweiflügler**

6*	• Körper deutlich länger als Flügel • Hinterflügel nicht als Schwingkölbchen **Libellen**

6

6*

Angepasstheit der Insekten an ihre Lebensräume

Körpergliederung sowie äußerer und innerer Bau

Betrachtet man verschiedene Insekten genauer, z.B. *Honigbiene, Stubenfliege* und *Maikäfer*, kann man bei allen deutlich **drei Körperabschnitte** erkennen, den Kopf, die Brust und den Hinterleib. Umgeben sind diese Abschnitte außen von einer dünnen schützenden Chitinschicht, dem **Außenskelett.**

Am **Kopf** befinden sich ein Paar zusammengesetzte Augen, Mundwerkzeuge und ein Paar Fühler. Die **zusammengesetzten Augen** bestehen aus keilförmigen Einzelaugen, durch die zusammen ein Bild entsteht. Sie werden *Komplexaugen* genannt. Sie sind besonders leistungsfähig bei der Wiedergabe von Bewegungen.

Eine *Stubenfliege* hat z. B. ungefähr 4 000 und eine *Libelle* 3 000 Einzelaugen.

Die **Fühler** – auch Antennen genannt – sind wie die Augen Sinnesorgane. Sie dienen vor allem dem Riechen und Tasten.

1 ▸
Regenbremse
(Makroaufnahme)

An den **Mundwerkzeugen** kann man erkennen, *wie sich Insekten ernähren.* Die Schmetterlinge z. B. saugen mit ihrem langen Saugrüssel den Nektar vom Blütengrund. Es werden u. a. beißende, saugende, stechende und leckende Mundwerkzeuge unterschieden (s. S. 77, Abb. 2).

Am **Brustteil** befinden sich **drei gegliederte Beinpaare** und meist **zwei Paar Flügel.** Diese schützen den Körper oder dienen dem Fliegen. Der oftmals große **Hinterleib** enthält die inneren Organe.

Auch die **Beine** der Insekten sind an ihre Lebensweise angepasst. Entsprechend ihrer Tätigkeit und ihrer Fortbewegungsart sind sie unterschiedlich ausgebildet (s. S. 77, Abb. 1).

> Insekten sind in Kopf, Brust und Hinterleib gegliedert. Sie besitzen Fühler, leistungsfähige Komplexaugen und Mundwerkzeuge. An der Brust befinden sich 3 Paar gegliederte Beine sowie meist 2 Paar Flügel. Ⓜ

Insekten besitzen ein **offenes Blutgefäßsystem.** Der gesamte Körper ist mit Blut gefüllt und wird durch ein einfaches Herz (offene Röhre am Rücken) in Bewegung gehalten (Abb. 2).

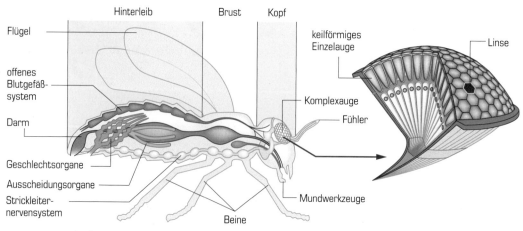

2 ▸ Äußerer und innerer Bau eines Insekts (schematisch)

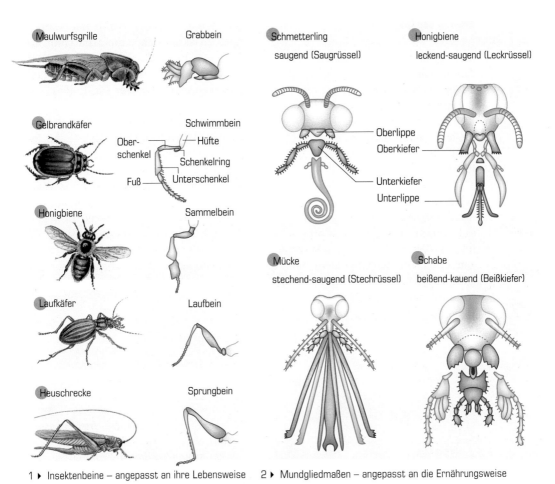

1 ▸ Insektenbeine – angepasst an ihre Lebensweise

2 ▸ Mundgliedmaßen – angepasst an die Ernährungsweise

Insekten verarbeiten **Informationen,** die sie mit den **Sinnesorganen** (z. B. Augen) wahrnehmen, mithilfe ihes **Strickleiternervensystems.** Dieses befindet sich auf der Bauchseite des Insekts.

Insekten benötigen wie alle anderen Lebewesen Energie für ihre Lebensfunktionen. Dafür müssen sie sich **ernähren.** Mithilfe ihrer **Mundwerkzeuge** nehmen sie ihre Nahrung, z. B. Blütenstaub (Pollen), Nektar, Pflanzenteile, auf. Die Nahrung wird im Darm verdaut. Unverdaute Stoffe verlassen den Körper durch den After. Aus den mit der Nahrung aufgenommenen Nährstoffen werden körpereigene Stoffe aufgebaut. Diese werden u. a. für den Aufbau des Körpers (z. B. Wachstum) benötigt.

Insekten besitzen ein offenes Blutgefäßsystem und ein Strickleiternervensystem. Sie ernähren sich u. a. von Blütenstaub, Nektar und Pflanzenteilen. Ihre Mundwerkzeuge sind an die jeweilige Ernährungsweise angepasst.

Aufgaben

2. Vergleiche die in Abb. 1 dargestellten Insektenbeine. Erkläre, warum diese Beine für die jeweilige Tätigkeit (z. B. Graben) gut geeignet sind.

3. Mit welchen Werkzeugen/Geräten (z. B. Zange) könnte man die in Abb. 2 dargestellten Mundwerkzeuge vergleichen?

Atmung der Insekten

Auch Insekten müssen atmen. Sie haben Atmungsorgane, die an das Landleben angepasst sind. Die Atmungsorgane der Insekten sind **Tracheen.** Sie befinden sich im Innern des Körpers (Abb. 1), so dass die feuchte dünne Oberfläche nicht austrocknen kann. Insekten sind **Trockenlufttiere.**

1 ▶
Tracheen mit
Atemöffnung

Tracheen sind kleine, fein verzweigte Atemröhrchen (Tracheensystem), die sich durch den ganzen Körper eines Insekts ziehen. Ihre feinsten Verästelungen erreichen die Oberfläche von fast jeder Zelle im Körper. In den Flügeln sind die Tracheen als „Adern" sichtbar.

Im Gegensatz zu den Wirbeltieren benötigen Insekten daher nicht das Blut als Transportmittel für den Sauerstoff. Der Gasaustausch kann direkt zwischen den Tracheen und den Zellen stattfinden.

Die Tracheen enden nach außen in kleinen **Atemöffnungen** (Abb. 1). An jedem Körperring eines Insekts befindet sich auf beiden Seiten eine solche Atemöffnung. Bei großen Insekten wie *Heuschrecken* (Abb. 2) kann man sie mit bloßem Auge sehen. Insekten bewegen den Hinterleib rhythmisch auf und ab. Dadurch wird „verbrauchte Luft" aus den Tracheen gepresst und frische hineingepumpt. Das Ein- und Ausströmen der Luft kann man als leises Pfeifen hören.

> Insekten atmen durch Tracheen. Sie Ⓜ
> sind Trockenlufttiere.

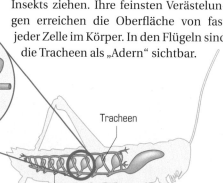

Tracheen

Tracheen

Atem-
öffnung

Atemöffnung

Aufgaben ❓

4. *Erkläre, warum Insekten – im Gegensatz zum Regenwurm – keine feuchte Luft zum Atmen benötigen.*

2 ▶ Großes Heupferd – verbreitet in ganz Europa

3

Fortpflanzung und Entwicklung

Insekten sind getrenntgeschlechtlich, d. h., es gibt bei ihnen Männchen und Weibchen. Diese unterscheiden sich oft in der Größe und auch in der Färbung.

Männchen und Weibchen **paaren** sich. Im Innern des Weibchens werden die Eier befruchtet **(innere Befruchtung).**

Die Insektenweibchen legen zahlreiche befruchtete Eier ab. Bei vielen Insektenarten schlüpfen aus den Eiern Larven, die völlig anders aussehen und gebaut sind als die ausgewachsenen Insekten. Sie haben keine Flügel, fressen andere Nahrung, z. B. Blätter, und bewegen sich oftmals kriechend vorwärts. Sie wachsen und müssen sich dabei mehrere Male häuten. Die letzte Larvenhaut erstarrt, wird fest. Es ist eine fast bewegungslose **Puppe** entstanden. In der Puppe entwickelt sich das **voll ausgebildete Insekt,** das die Puppenhaut verlässt.

Die Entwicklung vom Ei über ein Larven- und Puppenstadium zum ausgewachsenen Insekt wird **vollkommene Verwandlung (vollkommene Metamor-** **phose)** genannt. Diese Form der Entwicklung gibt es u. a. bei *Käfern, Schmetterlingen* (Abb. 1) *und Zweiflüglern.*

Bei einigen Insekten wird während der Entwicklung kein Puppenstadium ausgebildet. Die aus den **befruchteten Eiern** schlüpfenden **Larven** sehen den ausgewachsenen Insekten schon sehr ähnlich. Sie wachsen und häuten sich und entwickeln sich zum **voll ausgebildeten Insekt.**

Die Entwicklung vom Ei über mehrere Larvenstadien zum ausgewachsenen Insekt wird **unvollkommene Verwandlung (unvollkommene Metamorphose)** genannt.

Diese Form der Entwicklung gibt es u. a. bei *Heuschrecken* (Abb. 2), *Wanzen, Libellen und Schaben.*

> Insekten pflanzen sich geschlechtlich ⓜ fort. Es werden bei ihnen zwei unterschiedliche Entwicklungsformen unterschieden, die unvollkommene und die vollkommene Verwandlung.

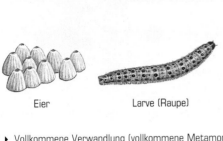

| Eier | Larve (Raupe) | Puppe | Vollinsekt |

1 ▸ Vollkommene Verwandlung (vollkommene Metamorphose) des Kohlweißlings

| Eier | Larve | Larve | Vollinsekt |

2 ▸ Unvollkommene Verwandlung (unvollkommene Metamorphose) der Heuschrecke

Tierstaat als Form des Zusammenlebens

Im Wald kann man häufig beobachten, wie Ameisen auf einer „Ameisenstraße" auf einen Ameisenhaufen zulaufen. Am Ameisenhaufen, dem Nest der Ameisen, herrscht reges Treiben. Einige tragen Kiefernnadeln heran, andere befördern größere Beutetiere, wie Käfer oder Raupen, zum Nest. Die Ameisen leben in einer **Tiergemeinschaft** zusammen. Sie wird **Tierstaat** genannt.

Die Anzahl der zusammenlebenden Tiere ist je nach Art unterschiedlich. Das Leben in diesen Staaten läuft nach strengen „Regeln" ab und ist gekennzeichnet von einer **Arbeitsteilung.**

In einem Tierstaat gibt es unterschiedlich gebaute Lebewesen mit unterschiedlichen Aufgaben. Die Einzellebewesen sind voneinander abhängig.

Die Aufgabe eines Tierstaates besteht darin, Bedingungen zu schaffen, die die Erhaltung der Art garantieren. Zu den Staaten bildenden Insekten gehören außer den Ameisen z. B. *Honigbienen, Wespen, Hummeln* und *Termiten.*

Honigbienen leben in einem **Bienenstaat** zusammen. Im Frühjahr und Sommer kann das *Bienenvolk* aus bis zu 80 000 Mitgliedern bestehen.

Im Bienenvolk gibt es **drei Bienenformen,** deren Bau an ihre Lebensweise und ihre Funktion angepasst ist. Es werden die *Königin,* die *Drohnen* und die *Arbeitsbienen* unterschieden (s. unten). Während ihres Lebens erfüllen die einzelnen Bienenformen unterschiedliche Aufgaben.

Die **Königin** ist an ihrer Größe zu erkennen. In einem Bienenstaat gibt es nur eine Königin. Die Königin wird von den männlichen Bienen, den **Drohnen,** beim Hochzeitsflug begattet. Die Drohnen haben sonst keine weitere Aufgabe. Daher werden sie nur bis zum Herbst von den Arbeitsbienen gefüttert und dann vertrieben oder getötet.

Die **Arbeitsbienen** erfüllen während ihres Lebens unterschiedliche Aufgaben (s. S. 81).

Drei verschiedene Bienenformen im Bienenstaat

Die Königin (bis 20 mm)

- weibliche Biene mit gut entwickelten Geschlechtsorganen
- nur sie legt im Juni täglich ca. 3 000 Eier
- Mundwerkzeuge und Sammeleinrichtungen rückgebildet
- wird gefüttert
- lebt 3 bis 5 Jahre
- Entwicklungszeit 16 Tage, aus befruchtetem Ei

Der Drohn (bis 18 mm)

- männliche Biene mit gut ausgebildeten Geschlechtsorganen
- Rüssel verkürzt
- Sammeleinrichtungen und Stachel fehlen
- wird mit Blütenstaub gefüttert
- dient der Fortpflanzung
- lebt nur wenige Wochen, Entwicklungszeit 24 Tage, aus unbefruchtetem Ei

Die Arbeitsbiene (bis 15 mm)

- weibliche Biene mit verkümmerten Geschlechtsorganen
- guter Flieger
- sammelt Blütenstaub und Nektar, pflegt die Brut, baut die Waben, verteidigt das Volk
- besitzt Sammeleinrichtungen, Rüssel, Stachel
- lebt 4 bis 6 Wochen
- Entwicklungszeit 21 Tage, aus befruchtetem Ei

3

Wenn eine **Arbeitsbiene**, die als *Sammlerin* tätig ist, eine ausgiebige Nahrungsquelle gefunden hat, teilt sie den anderen Bienen durch besondere **„Tänze"** auf den Waben den Standort ihrer gefundenen Nahrung mit. Diese Kommunikationsform ist den Tieren angeboren.

Die zurückkommenden Sammelbienen führen **Rundtänze** aus, wobei sie in Kreisbögen hastig abwechselnd nach rechts und nach links herumlaufen. Dabei geben sie Schnarrlaute und die Stockbienen geben Bettellaute von sich. Durch die Rundtänze werden die Stockbienen über die Entfernung der Nahrungsquellen, z. B. eines Rapsfeldes, informiert. Je langsamer der Tanzrhythmus ist, umso weiter entfernt liegt die Futterquelle.

Die Richtung, also die Lage der Nahrungsquelle, wird den Stockbienen über den **Schwänzeltanz** mitgeteilt. Dabei ist die Sonne Bezugspunkt. Die Bienen benutzen sie als Kompass für ihre Orientierung.

Durch ihre Lebenstätigkeiten ist die Honigbiene für den Menschen sehr **nützlich.**

Ursprünglich waren die Honigbienen wild lebende Bienen. Schon lange werden Bienenvölker als Haustiere gehalten. Sie sorgen für die Bestäubung zahlreicher Blüten. Aus dem Nektar wird Honig gebildet, den wir Menschen nutzen. Die Waben der Honigbienen bestehen aus Wachs, das u. a. zu Kerzen verarbeitet wird.

1 ▸
Rundtanz (a)
und
Schwänzeltanz (b)
der Honigbiene

> Der Tierstaat ist eine Form des Zusammenlebens von Tieren einer Art mit Arbeitsteilung. Ⓜ

Aufgaben ⑦

5. *Beschreibe die Tätigkeiten der Bienen.*

Das Leben einer Arbeitsbiene

Putz- und Ammenbiene (1.– 9. Tag)

Während der ersten neun Tage ihres Lebens ist die Biene im Inneren des Stocks beschäftigt. Drei Tage lang säubert sie die Zellen und bereitet sie für die Eiablage der Königin vor. Danach füttert sie drei Tage lang die älteren Larven mit einer Mischung aus Honig und Pollen, in den letzten drei Tagen mit einem Saft aus ihren Körperdrüsen.

Baubiene (10.–16. Tag)

Zwischen dem 10. und 16. Tag hat eine Biene viele Pflichten. Sie speichert Pollen und Nektar, den andere bringen, in besonderen Waben. Sie baut auch Waben, denn in dieser Zeit erzeugen die Drüsen in ihrem Hinterleib Wachs.

Wehrbiene (17.– 20. Tag)

Sie macht die ersten Erkundungsflüge, steht am Eingang des Stockes und hält Wache. Giftblase und Giftstachel sind einsatzbereit.

Sammel- oder Trachtbiene (21.Tag bis Lebensende)

Vom 21. Tag bis zu ihrem Tod geht die Biene auf Nahrungssuche. Sie sammelt Blütenstaub und Nektar, die sie in den Stock bringt.

Ökologische Bedeutung der Insekten

Insekten, die sich vom Nektar der Blüten ernähren, tragen unbewusst zur **Bestäubung** der Blüten bei. Denn bei ihrer Nahrungssuche kriechen sie in die Blüte hinein, dabei bleibt Blütenstaub an ihrem Körper hängen. Dann fliegen sie zur nächsten Blüte. Der am Körper haftende Blütenstaub wird auf die nächste Blüte übertragen. Damit sorgen sie also für eine ausreichende Bestäubung als notwendige Voraussetzung für die Bildung von Samen und Früchten.

Andere Insekten **ernähren** sich von toten Tieren, abgestorbenen Pflanzen und Tierausscheidungen (z. B. Kot). *Aaskäfer* kann man z. B. beobachten, wie sie eine tote *Zauneidechse* fressen, oder *Mistkäfer,* wie sie einen Dunghaufen „durcharbeiten". Die Beseitigung toter Substanzen ist für den **Gesamthaushalt der Natur** von wesentlicher Bedeutung.

Unter den Insekten gibt es **Pflanzenfresser,** z. B. *Blattläuse, Borkenkäfer, Larven* vom Kohlweißling. *Blattläuse* beispielsweise saugen aus Blättern und Stängeln Saft, so dass die Pflanzen Schaden nehmen. Die klebrige, zuckerhaltige Flüssigkeit wird von den Ameisen aufgenommen.

1 ▸
Honigbiene auf
einer Blüte

2 ▸
Borkenkäfer

3 ▸
Ameisen
„melken" Blatt-
läuse

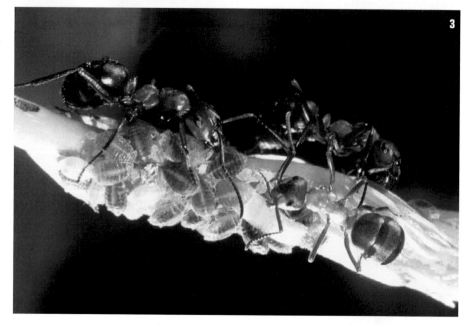

3

 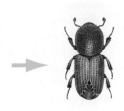  

Pflanze   Pflanzenfresser   Fleischfresser   Fleischfresser

1 ▶
Insekten sind
Glieder einer
Nahrungskette

Andere Insekten, z. B. *Ameisen, Laufkäfer* und *Marienkäfer* sind **Fleischfresser**. Auf dem Speiseplan der *Marienkäfer* stehen u. a. auch *Blattläuse*.

So werden Pflanzenschädlinge von anderen Insekten vernichtet. Man spricht in dem Fall von einer **biologischen Schädlingsbekämpfung**.

Insekten bilden außerdem die **Ernährungsgrundlage** vieler anderer Lebewesen. Zum Beispiel ernähren sich Vögel, Frösche, Eidechsen und Kröten von Insekten oder ihren Larven und Puppen. So bestehen im Naturhaushalt enge **Nahrungsbeziehungen**.

 Zahlreiche Insekten sind Blütenbestäuber oder Zersetzer toter Substanzen. Insekten sind für viele Tiere eine wichtige Nahrungsgrundlage.

Aufgaben

6. *Stelle den Zusammenhang zwischen Mundwerkzeugen und Nahrung der im Text genannten Insekten her.*

7. *Erkläre, weshalb Insektizide nicht nur für Insekten schädlich sind. Nutze dazu Abbildung 1.*

2 ▶
Mistkäfer auf
einem Laubblatt

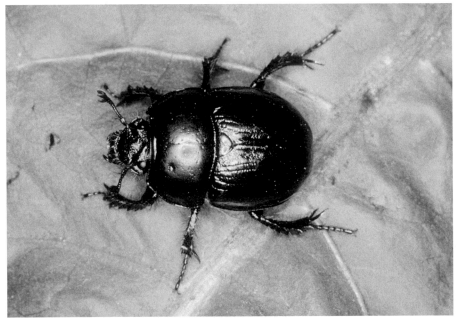

Schutz der Insekten

Unter den Insekten gibt es viele geschützte Arten. Der Bestand an Insektenarten geht ständig zurück.

In die **rote Liste** von Sachsen wurden u. a. der *Heldbock* und *Hirschkäfer* sowie die *Große Moosjungfer* und der *Große Moorbläuling* aufgenommen. Ihr Vorkommen ist an ganz spezielle ökologische Bedingungen, z. B. an bestimmte Lebensräume, gebunden.

Ursachen für den Rückgang liegen u. a. darin, dass Lebensräume dieser Insekten verändert werden. Beispielsweise werden
- Trockenrasen aufgeforstet,
- die Zusammensetzung von Bäumen in Wäldern, Gärten oder Parks verändert,
- Feuchtgebiete trocken gelegt,
- neue Wohngebiete angelegt,
- chemische Giftstoffe, z. B. Insektizide, versprüht.

Der beste **Schutz** für die Insekten ist die **Erhaltung ihrer Lebensräume.**

Hirschkäfer, stark gefährdet

Lebensraum:	u. a. naturnahe, lichte und wärmebegünstigte Laubwaldbestände mit hohem Anteil an alten Bäumen
Merkmale:	mit 90 mm der größte heimische Käfer, große geweihartige Oberkiefer der Männchen (haben den Käfern den Namen gegeben)
Vorkommen:	nur wenige Tiere u. a. in der Umgebung Dresdens

Große Moosjungfer, stark gefährdet

Lebensraum:	u. a. Moorrandgewässer, Zwischenmoortümpel, fischfreie Gewässer
Merkmale:	mittelgroße Libelle, braunschwarz mit „weißem" Gesicht, Männchen: leuchtend gelber Fleck auf 7. Hinterleibsglied
Vorkommen:	z.B. Oberlausitzer Heide- und Teichgebiet, Westlausitzer Hügel- und Bergland

Heldbock (auch Eich- oder Spießbock), vom Aussterben bedroht

Lebensraum:	u. a. Alteichenbestände in lichten, naturnahen Laubmischwäldern und an Waldrändern
Merkmale:	bis zu 50 mm lang, schwarzbrauner Körper und sehr lange Fühler (bis 100 mm)
Vorkommen:	nur sehr vereinzelt, z. B. im Muldetal (Düben-Dahlener Heide)

Großer Moorbläuling, vom Aussterben bedroht

Lebensraum:	Feuchtwiesen und Moorränder
Merkmale:	Flügeloberseite beim Männchen hellgrau bis hellblau gefärbt, mit brauner Randbinde, Weibchen insgesamt dunkler, Flügelspannweite 3,5 bis 4 cm
Vorkommen:	u. a. Raum Leipzig, Neißegebiet bei Görlitz

Erschließungsfeld

Information

Von den heute bekannten Insektenarten gelten nur ca. 2% als Staaten bildende Insekten. Das Zusammenleben in einem Insektenstaat hat den Vorteil, dass alle notwendigen Aufgaben durch eine kontinuierliche Arbeitsteilung zeitgleich erfüllt werden können.

1. Was weißt du von der Honigbiene (Bienenformen, Körperbau, Nahrung usw.)?

2. Begründe die Angepasstheit der Biene an ihre Lebensweise.

3. Nenne anfallende Aufgaben in einem Bienenstaat, die arbeitsteilig von den verschiedenen Mitgliedern gleichzeitig ausgeführt werden.

Um ein funktionierendes Zusammenleben von Mitgliedern im Bienenstaat zu sichern, müssen die Staaten bildenden Insekten miteinander kommunizieren, d. h. Informationen austauschen. Durch Sehen, Geruchs- und Geschmackseindrücke, Tastreize und Geräusche regulieren die Bienen ihr Leben in der Gemeinschaft.
Im Bienenstock kommt dem Sehen nur eine untergeordnete Bedeutung zu. Hier erfolgt die Kommunikation vor allem über mechanische (Berührungen, Luftschwingungen) und chemische (Geruchsstoffe) Signale.

Erfolgreich in den Stock zurückgekehrte Sammlerinnen informieren ihre Stockmitglieder über attraktive Futterplätze. Dazu nutzen sie eine Abfolge verschiedener Tänze, die über Tast- und Geruchssinn entschlüsselt werden. Die Entfernung zur Futterpflanze wird durch die Art des Tanzes verschlüsselt.

a

Der **Rundtanz** (Abb. a) wird aufgeführt, wenn sich die Pflanze innerhalb eines 80 m-Radius befindet. Die Dauer und die Geschwindigkeit des Tanzes geben Auskunft über die Reichhaltigkeit der Futterquelle.
Ab etwa 50 m Entfernung führt die Biene den **Schwänzeltanz** (Abb. b) auf. Die Tanzdauer entspricht dabei der Entfernung und die Ausrichtung der Schwänzelstrecke der Richtung des Futterplatzes. Dabei spielt der aktuelle Sonnenstand eine entscheidende Rolle.

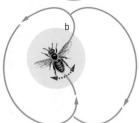

b

4. Worüber müssen sich Honigbienen außerhalb des Bienenstockes informieren und welche Informationen tauschen sie vor allem im Stock untereinander aus?

5. Warum kommt den optischen Reizen (Sehen) im Bienenstock nur eine untergeordnete Bedeutung zu?

Bestimmungsübung Käfer

Die **Käfer** sind eine der artenreichsten Tiergruppen der Erde. Heute sind etwa eine halbe Million Käferarten bekannt.

Alle Käfer besitzen die für Insekten typischen Baumerkmale. An ihnen fällt auf, dass das vordere **Flügelpaar** undurchsichtig und durch Chitin verhärtet ist. Man nennt dieses Paar auch **Flügeldecken**. Darunter liegt zusammengefaltet ein häutiges Flügelpaar, welches zum Fliegen genutzt wird. Die **Mundwerkzeug**e sind meist zangenförmig ausgebildet.

1. Finde heraus, um welche Arten es sich bei den abgebildeten Käfern handelt.
   Verwende dazu die folgende Bestimmungshilfe.

1	• Flügeldecken mit Muster 2
1*	• Flügeldecken ohne Muster 5
2	• Fühler mindestens bis zur Mitte der Flügeldecken reichend 3
2*	• Fühler deutlich kürzer 4
3	• Flügeldecken überwiegend schwarz, mit dünnen gelben Querlinien oder Punkten **Eichen-Widderbock**
3*	• Flügeldecken lebhaft schwarz-gelb gefärbt **Schmalbock**
4	• Halsschild behaart; Flügeldecken kurz, mit auffallend schwarzen Flecken **Pinselkäfer**
4*	• Halsschild unbehaart; Flügeldecken normal, mit unregelmäßig-eckigen schwarzen Flecken **Schwarzgefleckter Marienkäfer**

a)

b)

c)

d)

e)

Beobachtung

5	• Kopf wie auf einem „Hals" sitzend 6
5*	• Kopf unmittelbar am Halsschild beginnend 7
6	• Fühler am Ende mit Verdickungen **Haselblattroller**
6*	• Fühler ohne Verdickungen **Scharlachroter Feuerkäfer**
7	• Halsschild und Kopf schwarz; Flügeldecken meist braungelb **Maikäfer**
7*	• Halsschild metallisch grün; Körper länger als 1 cm **Julikäfer**

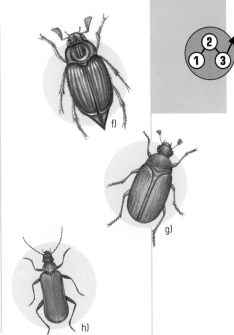

f)

g)

h)

2. Entwirf für die vier abgebildeten Heuschrecken eine Bestimmungshilfe nach dem Muster von Aufgabe 1. Vergleiche dazu die Abbildungen genau.

3. Fertige von einer dieser Heuschreckenarten einen Steckbrief an.

1 ▸ Großes Heupferd

2 ▸ Grashüpfer

3 ▸ Maulwurfsgrille

4 ▸ Feldgrille

gewusst · gekonnt

1. Nenne drei verschiedene Lebensräume und ordne ihnen je fünf verschiedene Insekten zu.

2. Nenne zu jeder Ordnung der geflügelten Insekten ein Beispiel.

3. Beschreibe den äußeren Bau eines Insekts.

4. Insekten sind mit ihren Beintypen an ihre Umwelt angepasst. Begründe diese Aussage am Beispiel der Maulwurfsgrille und der Honigbiene (s. Abb. 1, S. 77).

5. Wirbeltiere haben ein Innenskelett. Insekten haben ein Außenskelett. Vergleiche beide Skelettarten miteinander.

6. a) Benenne 4 Insektenordnungen.
   b) Stelle für je einen Vertreter einen Steckbrief auf.

7. a) Nenne je zwei Beispiele für eine vollkommene und eine unvollkommene Verwandlung (Metamorphose).
   b) Beschreibe an je einem selbst gewählten Beispiel die vollkommene und die unvollkommene Metamorphose.

8. Fertige eine tabellarische Übersicht zum Leben einer Arbeitsbiene an. Verwende dazu entsprechende Literatur.

9. a) Was verstehst du unter dem Begriff Tierstaat?
   b) Übernimm folgende Tabelle in dein Heft und ergänze sie.

Individuen des Bienenstaates	Bau	Aufgaben

10. Auch Termiten sind Staaten bildende Insekten.
    Sammle mithilfe entsprechender Literatur (evtl. Bibliothek oder Internet) Informationen über einen Termitenstaat und halte einen Vortrag dazu.

11. Einige Insektenarten können dem Menschen schaden. Beschreibe einige Schäden und schlage Schutzmaßnahmen vor.

12. Schreibe eine Nahrungskette mit 5 Lebewesen auf, in der sich wenigstens zwei Insekten befinden.

13. a) Informiere dich über die Begriffe Erzeuger, Verbraucher und Zersetzer im Lehrbuch.
    b) Ordne folgende Lebewesen den Erzeugern, Verbrauchern und Zersetzern zu: Fichte, Regenwurm, Brennnessel, Fäulnisbakterien, Ameise, Hirschkäfer, Eiche, Kohlmeise.
    c) Begründe deine Eingruppierung der Lebewesen.

14. Befrage sachkundige Personen, welche gefährdeten Insektenarten im Umfeld deines Heimatortes vorkommen.

15. a) Übernimm das Diagramm in dein Heft.

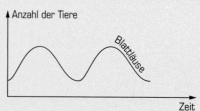

b) Zeichne in das Diagramm die Kurve eines Fressfeindes der Blattläuse ein, z.B. Marienkäfer.
    c) Erkläre die Kurvenverläufe.

Das Wichtigste auf einen Blick

Die **Insekten** besiedeln fast alle Lebensräume und bilden die artenreichste Tiergruppe überhaupt.
Ihr Körper ist ungleichmäßig gegliedert
in Kopf, Brust, Hinterleib. Sie besitzen
gegliederte Beine. Sie gehören in die
Gruppe der **Gliederfüßer**.

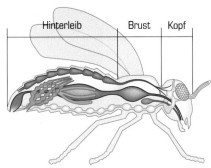

Hinterleib   Brust   Kopf

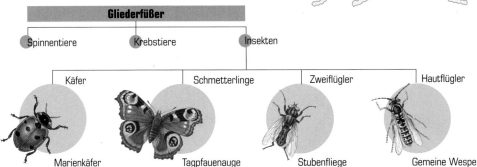

Gliederfüßer

Spinnentiere   Krebstiere   Insekten

Käfer   Schmetterlinge   Zweiflügler   Hautflügler

Marienkäfer   Tagpfauenauge   Stubenfliege   Gemeine Wespe

Am **Kopf** befinden sich meist paarige
Augen, Fühler sowie Mundwerkzeuge.
Die Mundwerkzeuge sind an die jeweilige
Ernährungsweise angepasst.
An der **Brust** befinden sich 3 Paar geglie-
derte Beine. Auch sie sind an die jeweilige
Fortbewegung angepasst.

Das **Außenskelett** der Insekten besteht
aus **Chitin.**
Insekten atmen durch **Tracheen** und
pflanzen sich geschlechtlich fort.
Es werden zwei Entwicklungen unterschieden – **unvollkommene** und **vollkommene Verwandlung (Metamorphose)**.

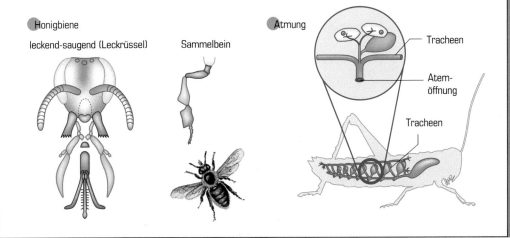

Honigbiene

leckend-saugend (Leckrüssel)   Sammelbein

Atmung

Tracheen

Atem-
öffnung

Tracheen

3.4
Parasitische Lebensweise bei wirbellosen Tieren

Tiere, die niemand sieht ▸▸ Der Rinderfinnenbandwurm hat seinen Namen nach seiner Körperform, die einem Geschenkband gleicht. Er lebt im Darm des Menschen und ist kaum zu spüren. Die jeweils letzten Glieder des Tieres können mit dem Kot nach draußen gelangen.

Tiere, die niemand mag ▸▸ Die Zecke lauert in Gebüschen und auf Ästen auf ihre Opfer. Laufen z. B. Menschen in ihrer Nähe entlang, lässt sie sich einfach fallen und klammert sich auf der Haut fest. Dann bohrt sie ihr Vorderteil langsam und unmerklich in die Haut.

Tiere, die fast niemanden verschonen ▸▸ Der Madenwurm ist ganz klein und macht sich, wenn überhaupt, nachts bemerkbar. Dann kriecht er aus dem After des Menschen heraus und verursacht dadurch einen Juckreiz.

3

Die parasitische Lebensweise

Parasiten sind Organismen, die sowohl außen an anderen Lebewesen als auch in anderen Organismen leben, sich dort fortpflanzen und sich von diesen anderen Lebewesen direkt oder indirekt ernähren.

Leben sie außen an anderen Lebewesen, werden diese Tiere **Außenparasiten** genannt, leben sie im Körper von anderen Lebewesen, heißen sie **Innenparasiten.**

Ein Lebewesen, das einen Parasiten beherbergt, wird als **Wirt** bezeichnet. Viele Parasiten schmarotzen im Verlaufe ihres Lebens an verschiedenen, aber immer ganz bestimmten Wirten, sie vollziehen einen **Wirtswechsel.**

Häufig verändern Parasiten während ihrer Entwicklung ihre Körpergestalt, sie vollziehen einen **Gestaltwandel** (eine Metamorphose).

Den Wirt des erwachsenen Parasiten nennt man **Endwirt,** den des Parasiten im Jugendstadium **Zwischenwirt.**

Der Endwirt beherbergt also den geschlechtsreifen Parasiten, der Zwischenwirt die Larve.

Oft wird der Wirt in seinen Lebensfunktionen kaum gestört. Manche Parasiten sind aber sehr gefährlich und können

ihrem Wirt gesundheitliche Schäden beifügen oder ihn auch töten. Viele Parasiten ernähren sich von Blut, andere von Körperteilen ihres Opfers, z. B. Muskeln, Haaren oder Haut, sowie vom nährstoffreichen Darminhalt des Wirtes.

Tsetsefliegen sind Stechfliegen, die in Afrika leben. Sie ernähren sich von menschlichem und tierischem Blut und übertragen die Erreger der gefürchteten Schlafkrankheit.

Die Übertragung auf die Wirte erfolgt beispielsweise durch unsaubere Nahrung, durch mit Parasiteneiern verschmutztes Wasser, infolge mangelnder Körperpflege oder durch die aktive Fortbewegung der Schmarotzer selber.

Parasitisch lebende Tiere bzw. ihre Larven können bei Tieren und dem Menschen gesundheitliche Schäden verursachen. Solche gesundheitlichen Schäden können u. a. Allergien, Brechreiz, Juckreiz, Durchfall, Fieber, Atemnot oder Hirnhautentzündungen sein.

Zu den Parasiten, die die Gesundheit des Menschen beeinträchtigen, gehören z. B. *Bandwürmer (Hunde-, Fuchs-, Rinderfinnen-, Schweinefinnenbandwurm), Madenwurm, Zecke* (auch *Holzbock* genannt), *Menschenlaus, Menschenfloh, Spulwurm, Krätzmilbe.*

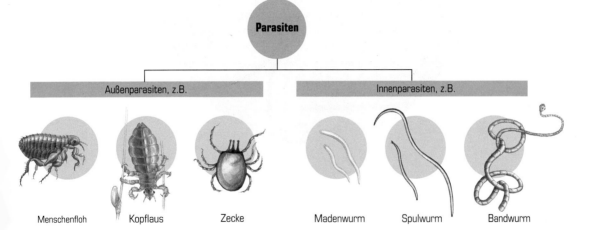

Parasiten

Außenparasiten, z.B.

Innenparasiten, z.B.

Menschenfloh   Kopflaus   Zecke   Madenwurm   Spulwurm   Bandwurm

Der Kleine Fuchsbandwurm – ein Innenparasit

Der *Kleine Fuchsbandwurm* (Abb. 1) gehört zu den sog. Innenparasiten und lebt vor allem im Dünndarm des Fuchses (**Endwirt**). Er wird ca. 4 mm lang. Sein Körper besteht aus einem **Kopf** und max. vier bis fünf **Gliedern.** An dem Kopf befinden sich Saugnäpfe und ein Hakenkranz, die zum Festhalten in der Darmwand dienen. Das letzte Glied enthält die reifen Eier.

Den Namen Fuchsbandwurm erhielt der Innenparasit, weil sein wichtigster Endwirt der Fuchs ist. Man schätzt, dass in Bayern z. B. etwa jeder 3. bis 4. Fuchs diesen Bandwurm im Darm hat.

Die reifen Eier gelangen mit dem Kot nach außen. Auf der Suche nach Nahrung nehmen vor allem **Nagetiere** (z. B. *Feld-* und *Wühlmäuse*) diese Eier mit auf. Im Dünndarm dieser Tiere, die **Zwischenwirte** sind, schlüpfen aus den Eiern die *Hakenlarven.* Diese gelangen mit dem Blutstrom meist in die Leber und wachsen dort wie ein Tumor. Dabei zerstören sie die Leber.

Werden die befallenen Zwischenwirte dann vom Fuchs gefressen ist der Kreislauf geschlossen. Denn im Darm des Fuchses werden die Larven frei und entwickeln sich zu erwachsenen Bandwürmern. Der Kreislauf beginnt von vorn. Während seiner Entwicklung macht der Kleine Fuchsbandwurm also einen **Wirtswechsel** durch.

Auch für den Menschen ist der *Kleine Fuchsbandwurm* gefährlich. Denn anstelle der Nagetiere kann er auch Zwischenwirt sein. Die Aufnahme der Eier erfolgt meist durch den Verzehr verschmutzter Waldfrüchte oder roher Pilze. Aus den Eiern schlüpfen dann die Hakenlarven, die sich ebenfalls in der Leber festsetzen. Allerdings wachsen die Larven im Menschen wesentlich langsamer. Und Anzeichen für eine Erkrankung treten oft erst nach 10 Jahren auf. Ohne Behandlung führt diese Erkrankung noch heute zum Tode.

Vorsichtsmaßnahmen
- Hände nach Arbeiten im Freien, vor allem nach Kontakt mit Erde und Gras, gründlich waschen
- Waldfrüchte gründlich waschen bzw. nicht ungekocht essen
- Hunde und Katzen, die im Freiland Mäuse fangen, alle 6 Wochen gegen Wurmbefall behandeln
- Kontakt zu Füchsen meiden

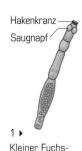

Hakenkranz
Saugnapf

1 ▶
Kleiner Fuchsbandwurm

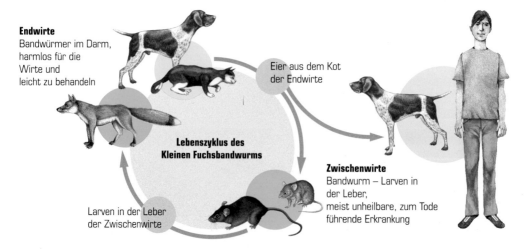

Endwirte
Bandwürmer im Darm, harmlos für die Wirte und leicht zu behandeln

Eier aus dem Kot der Endwirte

Lebenszyklus des Kleinen Fuchsbandwurms

Zwischenwirte
Bandwurm – Larven in der Leber, meist unheilbare, zum Tode führende Erkrankung

Larven in der Leber der Zwischenwirte

➤ Übertragungsweg   ● Wildtierzyklus (Wirtsarten häufig befallen)   ● Ab und zu befallene Haustiere und Fehlwirte

Weitere Innenparasiten

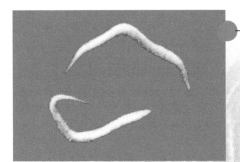

Madenwurm

Merkmale: 6-12 mm lang, weiß, drehrund im Querschnitt
Schadwirkungen: lebt im Dickdarm des Menschen, Ablage der
Eier des Nachts in Aftergegend, unangeneh-
mer Juckreiz, Schlafstörungen, Appetitlosig-
keit, Gewichtsverlust, Nervosität
Vorbeugung: Sauberkeit des Körpers, Obst und Gemüse
waschen

Spulwurm

Merkmale: 20 – 40 cm lang, bleistiftdick,
drehrund im Querschnitt, ungegliedert
Schadwirkungen: lebt im Dünndarm z. B. des Menschen,
Entwicklung erfolgt im menschlichen Körper
(Ei im Darm, Larve in Lunge, Wurm im
Dünndarm), bewirkt Lungenentzündung, Leib-
schmerzen, Erbrechen, Durchfall, Krämpfe
Vorbeugung: Sauberkeit des Körpers, Obst und Gemüse
waschen

Hundebandwurm

Merkmale: 3– 6 mm lang, 3–5 Glieder, Kopf mit Haken-
kranz und Saugnäpfen; Mensch Zwischenwirt,
Hund Endwirt
Schadwirkungen: faust- bis kindskopfgroße Finnen in Organen
wie Lunge, Leber, Gehirn, hat Tod des
Zwischenwirtes (z.B. des Menschen) zur Folge
Vorbeugung: Sauberkeit der Hände, nicht vom Hund lecken
lassen, Obst und Gemüse gründlich waschen

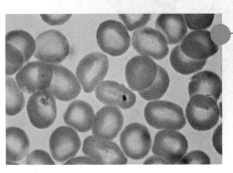

Plasmodium

Merkmale: eines der gefährlichsten einzelligen Lebewesen
in den Tropen
Schadwirkungen: wird durch Stich der Anophelesmücke in
den menschlichen Körper übertragen und
verursacht die tödlich verlaufende Malaria
tropica (Wechselfieber)
Vorbeugung: **nicht** von der Mücke stechen lassen, Insekten
abweisende Mittel auf Haut auftragen
(Malariaprophylaxe)

Der Holzbock – ein Außenparasit

In einigen Gegenden Deutschlands übertragen Zecken beispielsweise den Erreger der gefährlichen Hirnhautentzündung. Vorbeugend kann man sich gegen diese Erkrankung impfen lassen. Besser ist es also, bei Zeckenbefall sofort den Arzt aufzusuchen.

Der *Holzbock* (Zecke, Abb. 1) gehört zu den Spinnentieren. Er ist eine häufige einheimische Zecke. Holzböcke sind gelbbraune, rotbraune oder graubraune Tiere, die durch die Haut von Menschen oder Tieren Blut saugen. Dabei sind sie in der Lage, im Verlaufe von fünf Tagen das Zweihundertfache ihres Körpergewichts an Wirtsblut aufzunehmen. Normalerweise ist der *Holzbock* 1 bis 4 mm lang. Er erreicht eine Körperlänge bis zu 11 mm, je nach Menge der aufgenommenen Nahrung.

Die auf niedrigen Bäumen und Büschen auf einen **Wirt** wartende Zecke verfügt in den Vorderbeinen über ein empfindliches Sinnesorgan, mit dem sie ihre Opfer wahrnimmt. Die Zecke lässt sich herunterfallen und klammert sich dann blitzschnell z. B. an einem vorbeilaufenden Säugetier (z. B. Menschen) fest. Mit ihren Stechwerkzeugen bohrt die Zecke sich in die Haut des Wirtes. Da ihre Mundwerkzeuge mit Widerhaken besetzt sind, haftet der Parasit fest in der Haut.

Hat die Zecke sich voll Blut gesaugt, schwillt ihr Hinterleib stark an. Sie verlässt den Wirt und verkriecht sich in ein Versteck. Von diesem Blutvorrat kann sie

etwa eineinhalb Jahre leben. Der Einstich selbst wird kaum bemerkt. Nach einiger Zeit kommt es jedoch zu Juckreiz und Entzündungen, da die Zecke Giftstoffe in die von ihr hervorgerufene Wunde abgibt. Der Mensch wird vorwiegend im Wald befallen, meist nur von einzelnen Tieren, die er nicht so leicht entfernen kann. Dabei muss beachtet werden, dass bei gewaltsamer Entfernung die Mundwerkzeuge abreißen und sich an der Stelle Geschwüre bilden können.

Da dieser Schmarotzer wahllos an verschiedenen Wirten saugt, überträgt er viele Erreger von auch tödlich verlaufende **Infektionskrankheiten.**

> Die Zecke ist ein Außenparasit, der sich von Blut ernährt und durch den Kontakt mit dem Blut in den Blutbahnen des Wirtes gefährliche Infektionskrankheiten überträgt. Ⓜ

Aufgaben ❓

1. *Welche Krankheiten übertragen Zecken?*

2. *Wie kann man sich vor Zeckenbefall z. B. beim Pilzesammeln schützen?*

1 ▶
Zecke

3

Weitere Außenparasiten des Menschen

Krätzmilbe

Merkmale: 0,4 mm lang, Körper sackförmig, kurze Vorderbeine mit Saugnäpfen

Schadwirkungen: lebt in der Haut des Menschen, Larven fressen Gänge; quälender Juckreiz, Wunden, Entzündungen

Vorbeugung: Sauberkeit des Körpers

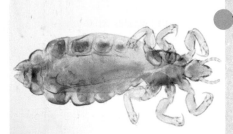

Kopflaus

Merkmale: bis 3 mm lang, stechend-saugende Mundwerkzeuge, Körper abgeplattet, flügellos, Chitinpanzer, Klammerbeine

Schadwirkungen: lebt zwischen den Haaren auf der Kopfhaut, saugt Blut, aus Eiern („Nissen") schlüpfen Blut saugende Larven; quälender Juckreiz, Krankheitsüberträger (z. B. Flecktyphus).

Vorbeugung: kaum möglich; Bekämpfung durch Haarwaschmittel aus der Apotheke

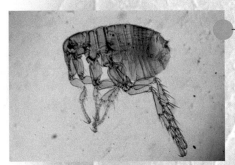

Menschenfloh

Merkmale: bis 3 mm lang, seitlich zusammengedrückter Körper, Hinterbeine kräftige Sprungbeine, Stechrüssel

Schadwirkungen: saugen an Haut Blut, „Flohstiche", unangenehmer Juckreiz, Wunden

Vorbeugung: Sauberkeit der Wohnung

Malariamücke (Anopheles gambiae)

Merkmale: ca. 6 mm, schwarz-weiß gestreifte Musterung, lange, nach hinten gebogene Hinterbeine;

Schadwirkungen: Weibchen saugen menschliches oder tierisches Blut, übertragen Malaria-Erreger

Vorbeugung: **nicht** von der Mücke stechen lassen, Anbringen von Fliegengitter vor den Fenstern und Moskitonetzen, engmaschige Netze nutzen

gewusst · gekonnt

1. Ordne in einer Tabelle einige Beispiele von Parasiten nach Außenparasiten bzw. Innenparasiten.

2. Erläutere die Begriffe Wirt, Endwirt und Zwischenwirt.
   Beschreibe an einem Beispiel den Zusammenhang zwischen diesen Begriffen.

3. Ordne in einer Tabelle verschiedenen Parasiten Lebensraum und Nahrung zu.

4. Rinderfinnenbandwurm und Schweinefinnenbandwurm sind für Menschen als Innenparasiten nicht sehr gefährlich.

   a) Beschreibe den Körperbau eines Rinder- oder Schweinefinnenbandwurms.
   b) Begründe, warum der Nahrungsbrei im menschlichen Darm durch Darmbewegungen nach außen gelangt, der Bandwurm aber nicht.
   c) Begründe, warum Bandwürmer, die wie alle Lebewesen zu großen Teilen aus Eiweißen bestehen, im menschlichen Darm nicht verdaut werden. Im menschlichen Darm wird normalerweise Eiweiß verdaut.
   d) Fertige ein Schema vom Entwicklungszyklus eines Rinder- oder Schweinefinnenbandwurms an. Nutze dazu das Internet oder Fachbücher.
   e) Nenne und begründe Maßnahmen, wie du dich vor Bandwurmbefall schützen kannst.
   f) Begründe, warum trotz hoher Eizahl der Befall des Menschen durch Innenparasiten verhältnismäßig selten ist.

5. Hunde- und Fuchsbandwurm sind für den Menschen gefährlich.
   a) Stelle die Entwicklung des Hundebandwurms in einem Schema dar.
   b) Begründe seine besondere Gefährlichkeit für den Menschen.

c) Nenne und begründe Maßnahmen, wie du dich vor diesen Bandwürmern schützen kannst.

6. Madenwürmer kommen bei Kindern recht häufig vor. Sie sind nicht gefährlich, können aber sehr lästig werden.
   a) Begründe, warum Madenwürmer Parasiten sind.
   b) Beschreibe ihren Bau und ihre Entwicklung.
   c) Wie kann man sich schützen?

7. Bandwürmer und Madenwürmer sind als Innenparasiten an ihre Lebensweise im Darm ihrer Wirte angepasst. Vergleiche beide Parasiten, gehe dabei auf die Angepasstheit an ihre Lebensweise ein.

8. Begründe, warum man sich vor dem Essen die Hände waschen und kein ungewaschenes Obst und Gemüse essen soll.

9. Die meisten Außenparasiten ernähren sich vom Blut ihrer Wirte.
   a) Warum gerinnt beim Blutsaugen nicht das Blut der Wirte? Welche Gefahr steckt dahinter?
   b) Nenne einige Außenparasiten und erläutere ihre Angepasstheit an ihre Lebensweise.

10. Warum ist die Zecke ein besonders gefährlicher Parasit, obwohl sie selber geringe Schadwirkung hat?

11. Warum ist es falsch, bei Parasitenbefall aus Scham nicht zum Arzt zu gehen?

12. Begründe, warum gerade in ärmeren, tropischen Entwicklungsländern der Parasitenbefall der Bevölkerung und ihrer Haustiere sehr hoch ist.

3

Das Wichtigste auf einen Blick

Parasiten

Lebensweise von Parasiten:
Parasiten sind Lebewesen, die in oder an anderen Organismen leben, sich von ihnen ernähren und sie dadurch schädigen. Die Lebewesen, von denen sie sich ernähren, nennt man **Wirt.**

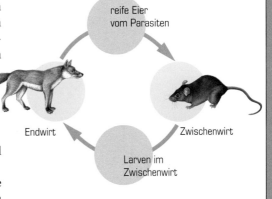

reife Eier vom Parasiten

Zwischenwirt

Larven im Zwischenwirt

Endwirt

Einteilung der Parasiten:
Man unterscheidet **Innenparasiten** und **Außenparasiten.**
Unter den Wirbellosen gibt es eine Reihe von Tieren, die parasitisch leben. Dazu zählen u. a. Bandwürmer, Madenwürmer, Spulwürmer (als Innenparasiten) und Holzböcke, Läuse, Milben (als Außenparasiten).

Außenparasiten, z.B.:

Menschenfloh   Kopflaus   Zecke

Innenparasiten, z.B.:

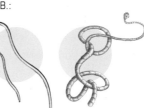

Madenwurm   Spulwurm   Bandwurm

Schutz vor Parasiten
Durch **vorbeugende Maßnahmen** (Prophylaxe) kann man erreichen, dass sich die Parasiten gar nicht erst im Körper ansiedeln bzw. nicht weiter ausbreiten können.

Zu den vorbeugenden Maßnahmen gehören u. a. eine ausgewogene, aber gründliche Körperhygiene, Hygiene bei der Nahrungszubereitung und Nahrungsaufnahme (Obst und Gemüse waschen bzw. kochen).

Bei Reisen in die Tropen sollte man sich vorher unbedingt mit seinem Hausarzt beraten.

Bei **Befall mit Parasiten** sollte unbedingt ein Arzt aufgesucht werden, der die entsprechenden Medikamente verschreibt.

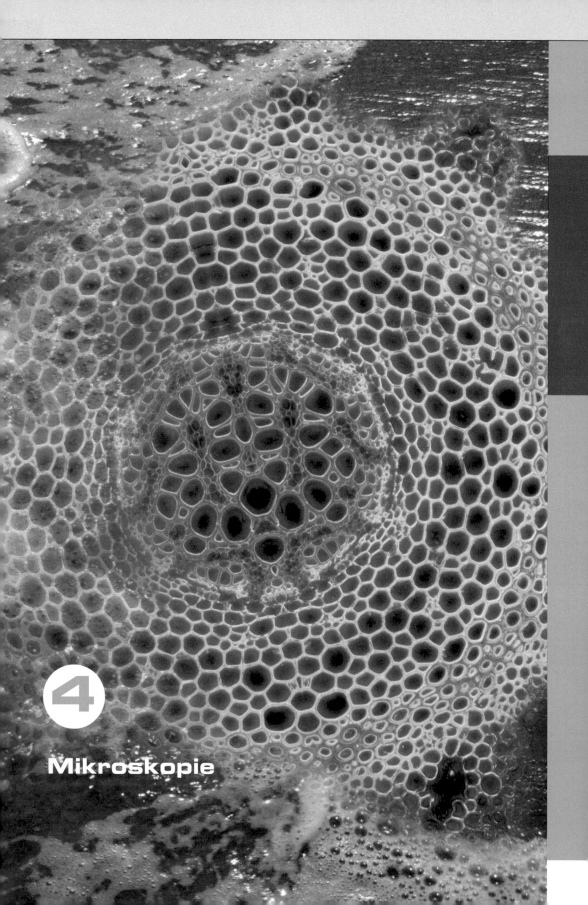

4

Mikroskopie

4

Kleine Dinge kommen groß raus

Mehr Lebewesen im Mund als Menschen in den Niederlanden ▸▸ 1683 verblüffte ein holländischer Tuchhändler die Leser der Royal Society of London mit eben dieser Feststellung. ANTONY VAN LEEUWENHOEK hatte sich nämlich ein Mikroskop nach seinen Vorstellungen gebaut und damit den Zahnbelag eines Jungen betrachtet. Dabei hatte er viele winzig kleine Lebewesen gesehen.

Kleine Dinge kommen groß raus ▸▸ Lupen und Mikroskope sind heute unentbehrliche Hilfsmittel für den Forscher, aber auch für Schüler. Mikroskope sind wertvolle und empfindliche Geräte.

Pollen sichtbar gemacht ▸▸ Der Blütenstaub der Samenpflanzen – auch Pollen genannt – ist winzig klein. Die Größe der mit dem Wind getragenen Pollen schwankt je nach Pflanzenart zwischen 5 und 30 Tausendstel Millimeter.

Aufbau des Lichtmikroskops und seine Handhabung

Lichtmikroskope heißen deshalb so, weil sie meistens nur dann ein Bild ergeben, wenn das zu untersuchende Objekt lichtdurchlässig ist.

Lupen und Mikroskope sind unentbehrliche Hilfsmittel im Biologieunterricht, um kleine Objekte (Prozesse) betrachten und untersuchen zu können. In der Schule werden vorwiegend Lichtmikroskope (Abb. 1) genutzt.

Für die Betrachtung der Objekte mithilfe von Lichtmikroskopen sind Glaslinsen notwendig.

Im **Okular** ist eine Linse, die das Bild des betrachteten Objekts um das 5- bis 24fache vergrößert.

Im **Objektivrevolver** (nicht bei allen Lichtmikroskopen vorhanden) befinden

sich meist drei **Objektive.** Diese enthalten ebenfalls Linsen.

Der **Tubus** verbindet Okular und Objektiv miteinander.

Der **Objekttisch** trägt das zu untersuchende Objekt (z. B. in einem Präparat). Durch eine kleine Öffnung im Tisch wird das Objekt von unten beleuchtet.

Mit der **Blende** wird die passende Helligkeit für das Objekt eingestellt. Je kleiner die Blende, desto dunkler, aber auch schärfer wird das Bild.

Mit dem **Triebrad** wird die Schärfe des Bildes eingestellt. Es gibt einen Grob- und einen Feintrieb.

1 ▸

Das Lichtmikroskop und seine Bestandteile

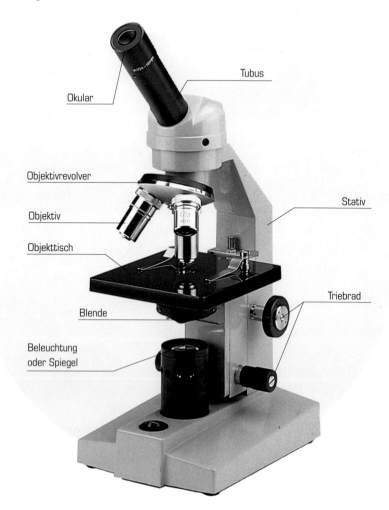

Okular
Tubus
Objektivrevolver
Objektiv
Objekttisch
Stativ
Triebrad
Blende
Beleuchtung oder Spiegel

4

Wie mikroskopiere ich Objekte?

Durch das Lichtmikroskop erfolgt eine Vergrößerung des Objektbildes. Es kommt ein Bild zustande, das das Objekt, z. B. ein Haar, bis über das 2 000fache vergrößert zeigt. Um ein Objekt so vergrößert mit dem Mikroskop betrachten zu können, muss man das Mikroskop sachgerecht handhaben und eine bestimmte Schrittfolge einhalten.

1 ▸
Menschenhaar –
mithilfe des
Mikroskops
betrachtet

Aufgabe
Betrachte ein Haar mithilfe des Mikroskops. Lege dazu ein Haar auf einen Objektträger und klemme ihn auf dem Objekttisch fest.

Schritt

Ausleuchten
Stelle den Spiegel so ein, dass Licht bis in das Okular gelangt bzw. stelle die Lampe an.

Schritt (2)

Einstellen der Vergrößerung
Stelle zunächst die kleinste Vergrößerung ein.

Schritt (3)

Scharfstellen des Bildes
Drehe den Tubus mit dem Grobtrieb bis auf etwa zwei Millimeter an dein Objekt (Präparat) heran (s. Abb. a). Sieh durch das Okular

und drehe den Tubus langsam nach oben. Erscheint ein scharfes Bild, reguliere mit dem Feintrieb nach (s. Abb. b).

Schritt

Einstellen der nächsten Vergrößerung
Wenn du die nächste Vergrößerung nutzen willst, musst du zuerst den Objekttisch nach unten drehen. Dann kannst du ein anderes Objektiv wählen und das Bild wieder scharf einstellen.

Schritt

Fehlersuche
Wenn du nichts sehen kannst, prüfe, ob dein Präparat genau über der Lichtöffnung im Objekttisch liegt. Wiederhole dann die Schritte 1 bis 3.

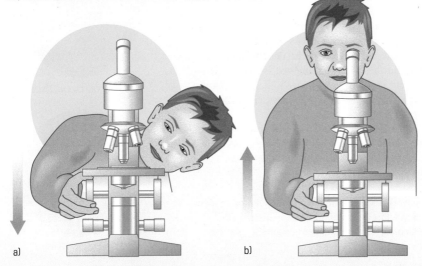

a)

b)

Geschichte der Mikroskopie

Jahrhundert	Wissenschaftliche Leistung
13. Jahrhundert	**ROGER BACON**, englischer Mönch, ihm gelingt es, Glaslinsen für Brillen zu schleifen. Die Kunst des Glasschleifens war eine wichtige Voraussetzung für die Erfindung des Mikroskops. Mode war es zur damaligen Zeit, ein „Flohglas" bei sich zu tragen. Dabei handelte es sich um ein Metallrohr, so groß wie ein Daumen, mit einer Linse am Ende.  ROGER BACON
16. Jahrhundert	**ZACCHARIAS JANSSEN**, holländischer Brillenmacher, entdeckte um 1590, dass alles, was er durch zwei Linsen hintereinander betrachtete, vergrößert erschien. Er verfolgte seine Entdeckung aber nicht weiter. **GALILEO GALILEI**, italienischer Naturforscher, verbesserte das von Janssen erfundene Gerät und untersuchte damit die Augen von Insekten.  Galileo Galilei
17. Jahrhundert	**ANTONY VAN LEEUWENHOEK**, holländischer Tuchhändler, baute ein „Mikroskop" nach seinen Vorstellungen und untersuchte damit die verschiedensten Dinge. Ihn interessierte der Aufbau von Samen, Früchten, Blüten, aber auch von Läusen und Augen verschiedener Tiere. Er gehörte zu den ersten, die die mikroskopischen Objekte genau aufzeichneten und beschrieben. Seine Aufzeichnungen veröffentlichte er in wissenschaftlichen Briefen an die **Royal Society of London**. 1683 verblüffte er die Leser mit der Feststellung, dass es in seinem Munde mehr Lebewesen als Menschen in den Niederlanden gäbe. Grund für diese Behauptung war die Untersuchung des Zahnbelages eines achtjährigen Jungen. LEEUWENHOEK hatte somit als Erster jene Lebewesen entdeckt, die wir heute als Bakterien bezeichnen. Da er die Kunst des Linsenschleifens als sein Geheimnis hütete, konnten Bakterien erst wieder im 19. Jahrhundert beobachtet werden, als man die Technik des Mikroskopbaus besser beherrschte. **ROBERT HOOKE**, englischer Wissenschaftler, entdeckte mit seinem selbst gebauten Mikroskop im Jahr 1667, dass Kork aus kleinen voneinander getrennten „Schachteln" (Zellen) besteht.  Antony van Leeuwenhoek  Flaschenkorkzellen

Geschichte der Mikroskopie

Jahrhundert	Wissenschaftliche Leistung
18. /19. Jahrhundert	JAMES WILSON (1665-1730), GEORGE ADAMS (1708-1773) u. a. entwickelten die Mikroskope weiter. Das Zirkelmikroskop von WILSON arbeitete noch mit Auflicht, HERTEL setzte schon eine Durchlichtbeleuchtung ein. MATTHIAS JAKOB SCHLEIDEN und THEODOR SCHWANN, deutsche Wissenschaftler, begründeten die Zelltheorie: Sie gingen davon aus, dass Zellen die Grundbausteine aller Pflanzen und Tiere sind. Ein Studium der Natur ohne mikroskopische Untersuchungen war für sie undenkbar. Andere Wissenschaftler meinten, dass es auch ohne Mikroskop noch genügend zu entdecken gäbe. Die kleinen Werkstätten verbesserten ihre Mikroskope trotzdem weiter. ROBERT KOCH, deutscher Bakteriologe, entdeckte 1882 mithilfe des Mikroskops die stäbchenförmigen Tuberkelbakterien, die Erreger der Tuberkulose, einer damals gefährlichen Infektionskrankheit, gegen die heutzutage geimpft wird. Es entstanden Unternehmen zur Herstellung mechanisch-optischer Geräte, z. B. der von Carl Zeiss 1846 in Jena. ERNST ABBE, deutscher Physiker, begann dort die wissenschaftlichen Grundlagen für den Bau der Mikroskope zu erarbeiten. Man produzierte Lichtmikroskope, deren Vergrößerung darauf beruht, dass Licht vom Präparat durch zwei Glaslinsen dringt, die Objektivlinse und das Okular.	 THEODOR SCHWANN  ROBERT KOCH
20. Jahrhundert	ERNST RUSKA und MAX KNOLL entwickelten zusammen das erste Elektronenmikroskop. Es funktioniert nach einem ähnlichen Prinzip wie das Lichtmikroskop. Allerdings wird der Lichtstrahl durch einen Elektronenstrahl und die optischen Linsen werden durch elektromagnetische Linsen ersetzt.	 Transmissionselektronenmikroskop
21. Jahrhundert	Weitere Entwicklung und Verbesserung der Elektronenmikroskope. Durch neue, sog. **Rastertunnelelektronenmikroskope**, können sogar Atome betrachtet werden. Dabei ist es so, dass das Rastertunnelelektronenmikroskop die Atome nicht „sieht", sondern „fühlt". Durch die Entwicklung des Rastertunnelelektronenmikroskops und ähnlicher Mikroskope ist es möglich geworden, in Bereichen von einem Millionstel Millimeter Dinge zu betrachten, zu bearbeiten oder herzustellen.	 Rastertunnelelektronenmikroskop

Mikropräparate und ihre Herstellung

Objekte, die mit einem Mikroskop betrachtet werden sollen, müssen meist erst dafür hergerichtet werden. Es muss ein **Mikropräparat** hergestellt werden.
Ein Mikropräparat besteht aus dem Objektträger, dem Objekt, oftmals einem Einschlussmittel (z. B. Wasser) und einem Deckgläschen.

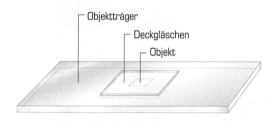

Wenn man Objekte mithilfe eines Mikroskops betrachten will, müssen sie lichtdurchlässig sein. Bei vielen trockenen Objekten (z. B. Blütenstaub, Fischschuppen, Haare, Flügel von Insekten) ist das so. Sie können ohne vorherige Bearbeitung auf einen Objektträger gelegt und mikroskopisch untersucht werden. Man stellt dann sog. *Trockenpräparate* her.
Andere Objekte muss man erst speziell bearbeiten, man sagt auch *präparieren*. Von den Blättchen der Moose oder Teilen von Früchten z. B. stellt man *Feuchtpräparate* her. Die Objekte werden in einen Wassertropfen auf den Objektträger gelegt und mit einem Deckgläschen abgedeckt.
Bei wieder anderen Objekten, beispielsweise dem Holundermark, dem Kork oder dem Kürbis- und Maisstängel, müssen erst dünne Schnitte angefertigt werden, damit Licht hindurchtreten kann. Erst dann können diese Objekte mithilfe des Mikroskops betrachtet werden.

Bei den Trocken- und Feuchtpräparaten handelt es sich um **Frischpräparate.** Diese halten sich meist nicht lange.
Durch besondere Behandlung können Mikropräparate auch lange haltbar gemacht werden. Die Objekte werden z. B. in Harz eingeschlossen. Solche Präparate werden dann **Dauerpräparate** genannt.
Will man von den Objekten alle Einzelheiten untersuchen und diese genau betrachten, müssen die Objekte angefärbt werden. Man benötigt also spezielle Färbemittel.
Für die Herstellung eines Mikropräparates werden einige Geräte (Abb. 1) und Chemikalien gebraucht. Außerdem sollten bestimmte **Arbeitsschritte** eingehalten werden (Abb. S. 105).

Aufgaben

1. *Vergleiche Dauer- und Frischpräparate und erläutere, wann welcher Präparattyp verwendet wird.*

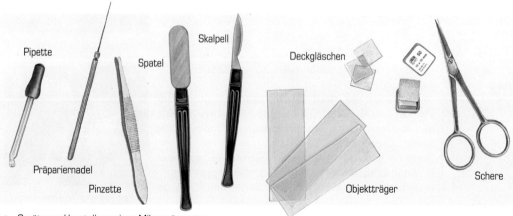

1 ▶ Geräte zur Herstellung eines Mikropräparates

Experimente • Untersuchungen

Herstellung eines Frischpräparates vom Zwiebelhäutchen

1. Bereitstellen der benötigten Arbeitsgeräte und Objekte (Objektträger, Deckgläschen, Pinzette, Pipette, Rasierklinge, Wasser, Zwiebel).
   Tipp: rote Küchenzwiebel verwenden

2. Reinigen der Objektträger und Deckgläschen.

3. Auftropfen von etwas Wasser mithilfe einer Pipette in die Mitte des Objektträgers.

4. Zerschneiden der inneren durchsichtigen Haut einer Zwiebelschuppe mithilfe einer Rasierklinge in kleine Quadrate (Arbeitsschutz beachten).

5. Abheben eines Stückchens der durchsichtigen Zwiebelhaut mit der Pinzette und in den Wassertropfen auf den Objektträger legen.
   (Achtung! Wenn sich das Hautstückchen einrollt, dann vorsichtig mit zwei Präpariernadeln aufrollen.)

6. Vorsichtig ein Deckglas auf das Objekt im Wassertropfen legen.
   Dazu das Deckglas schräg an den Wassertropfen heranbringen und langsam auf das Objekt im Wasser sinken lassen.

7. Seitlich hervorquellendes Wasser mithilfe eines Filterpapierstreifens absaugen. Bei Wassermangel Wasser mithilfe einer Pipette seitlich am Deckglas hinzutropfen.

8. Betrachten des Objektes mithilfe des Mikroskops.

9. Soll das Objekt angefärbt werden, einige Tropfen Farbstofflösung an den Rand des Deckgläschens tropfen und mithilfe eines Filterpapierstreifens unter dem Deckglas hindurchsaugen.

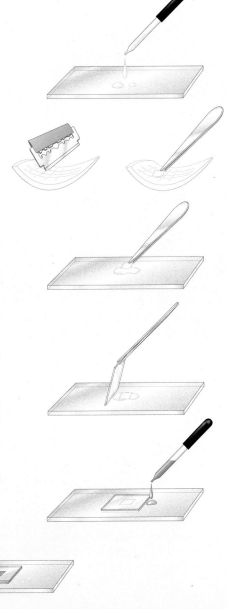

Experimente • Untersuchungen

Untersuche das Fruchtfleisch der Ligusterbeere

Materialien:
Mikroskop, Objektträger, Deckgläschen, Lanzettnadel, Pipette, Wasser, Ligusterbeeren

Durchführung und Beobachtung:
1. Entnimm einer reifen Ligusterbeere mit der Lanzettnadel etwas Fruchtfleisch.

2. Übertrage das Fruchtfleisch auf einen Objektträger, gib wenig Wasser (kleiner Tropfen) dazu und lege ein Deckgläschen auf.

3. Drücke mit der Lanzettnadel das Deckgläschen vorsichtig an, damit das Fruchtfleisch etwas gequetscht wird.

4. Betrachte das Objekt mithilfe des Mikroskops.
   Zeichne einige Zellen und beschrifte die erkannten Teile.

Auswertung:
1. Beschreibe den Bau der Zellen.

2. Erläutere die Funktion der erkannten Zellbestandteile.

3. Worin besteht das Besondere dieser Zellen?

Herstellen eines Frischpräparates von einer Kartoffelknolle

Materialien:
Kartoffelknolle, Löffel, Objektträger, Deckgläschen, Pipette, Mikroskop

Durchführung:
1. Schneide die Kartoffelknolle quer durch.

2. Schabe mit einem Löffel über die Innenseite.

3. Stelle von den am Löffel haftenden Teilen ein Frischpräparat her.

4. Betrachte das Objekt mithilfe des Mikroskops.

5. Fertige eine mikroskopische Zeichnung an.

Auswertung:
Beschreibe das mikroskopische Bild.

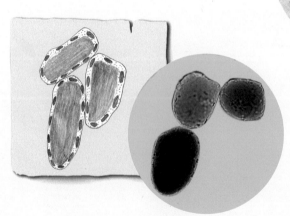

2 ▸ Zellen der Kartoffelknolle

1 ▸
Zellen aus dem Fruchtfleisch der Ligusterbeere (mikroskopisches Bild und Schülerzeichnung)

4

Wie fertige ich eine mikroskopische Zeichnung an?

Eine mikroskopische Zeichnung fertigt man nur auf weißem Papier mit einem gut gespitzten, mittelharten Bleistift an. Damit die mikroskopische Zeichnung auch gelingt, sollte man folgende **Schritte** beachten.

Aufgabe
Zeichne die Zellen einer Zwiebelhaut.

Schritt **1**

Auswählen eines geeigneten Ausschnittes
Entscheide, ob du eine Zelle oder mehrere von deinem Objekt zeichnen möchtest.
Suche eine geeignete Stelle aus.

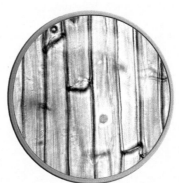

1 ▸
Original

Schritt **2**

Betrachten des Objektes
Betrachte das Objekt mithilfe des Mikroskops mit dem linken Auge und schau mit dem rechten Auge auf das Zeichenblatt.
Lass dich nicht entmutigen, wenn es dir nicht gleich gelingt. Für diese Technik braucht man Übung.

Schritt **3**

Zeichnen des gewählten Ausschnittes
Zeichne die Zellen viel größer, als du sie siehst.
Zeichne möglichst mit einer glatten Linie.
Die Linien sollen nicht gestrichelt werden.

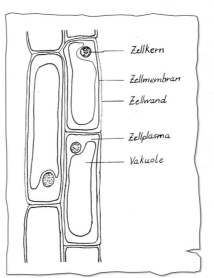

Zellkern

Zellmembran

Zellwand

2 ▸
Zeichnung

Zellplasma

Vakuole

Schritt **4**

Beschriften der Zeichnung
Beschrifte deine Zeichnung.
Dazu gehören:
- Name des Objektes,
- Bezeichnung des Organs/Gewebes,
- mikroskopische Vergrößerung,
- Hinweis auf Färbung,
- das Datum.

Objekt:	Zwiebel
Objektteil:	Haut der Zwiebel-schuppe
Vergrößerung:	60fach
Datum:	11. 11. 2005
Name:	Max Fröhlich

gewusst · gekonnt

1. Die folgende Abbildung stellt ein Mikroskop (Lichtmikroskop) dar.
   Wie heißen die einzelnen Teile und welche Funktion haben sie?
   Übernimm dazu die Tabelle in deinen Hefter und ergänze Bauteile und Funktion.

Bau und Funktion der Teile des Mikroskops	
Teile	Aufgabe

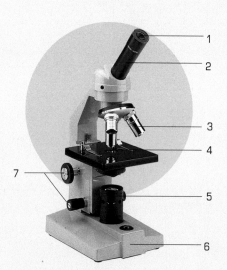

2. Bereite einen Kurzvortrag über die Bedeutung des Mikroskops (Lichtmikroskops) vor. Beachte u. a.:
   • Wann wurde das Lichtmikroskop erfunden?
   • Welche Entdeckungen waren erst möglich, nachdem das Lichtmikroskop erfunden war?
   • Welche Forscher hatten an diesen Entdeckungen besonderen Anteil?
   • Wie wird das Mikroskop heute genutzt?

3. Was musst du beachten, um mit einem Lichtmikroskop richtig und sorgsam umzugehen?

4. Für das Mikroskopieren, insbesondere zur Herstellung von Präparaten, werden eine Reihe von Geräten benötigt. Diese Geräte sind im Foto abgebildet. Benenne die Geräte und beschreibe ihre Handhabung.

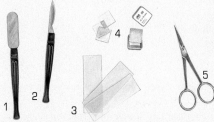

5. Um einen Gegenstand mithilfe des Mikroskops zu betrachten, muss ein Präparat hergestellt werden.
   a) Erläutere, was man unter einem Präparat versteht.
   b) Welche Arten von Präparaten kennst du?

6. Betrachte Frischpräparate vom Blütenstaub (Pollen) verschiedener Pflanzen.
   a) Fertige zunächst die Frischpräparate an.
   b) Betrachte die Pollenkörner nacheinander mithilfe des Mikroskops.
   c) Zeichne je ein Pollenkorn.
      Zeichne groß genug und zeichne nur das, was du siehst.

7. Betrachte eine Vogelfeder mithilfe des Mikroskops.
   a) Fertige eine Skizze an.
   b) Beschreibe deine Beobachtungen.

8. Überlege, ob und wie es möglich ist, Bilder vom Mikroskop auf einen Computer zu übertragen.

9. Mikroskopiere ein Dauerpräparat von Insektenflügeln. Fertige eine Zeichnung an und beschrifte sie.

4

Das Mikroskop

Durch die Erfindung des Mikroskops wurde es möglich, sehr kleine, mit bloßem Auge nicht wahrnehmbare Gegenstände zu beobachten.

Beispielsweise wurde von ROBERT HOOKE vor 300 Jahren mithilfe des Mikroskops die Zelle entdeckt. Um das Mikroskop sachgerecht zu nutzen, müssen sein Aufbau und seine Handhabung bekannt sein.

Ein **Mikropräparat** besteht aus Objektträger, Objekt und Deckgläschen, oftmals wird ein Einschlussmittel (z. B. Wasser) benötigt.

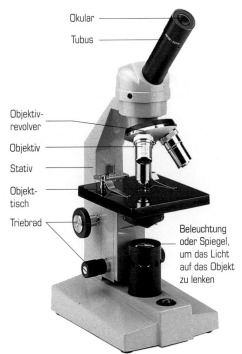

Okular

Tubus

Objektivrevolver

Objektiv

Stativ

Objekttisch

Triebrad

Beleuchtung oder Spiegel, um das Licht auf das Objekt zu lenken

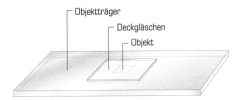

Objektträger

Deckgläschen

Objekt

Mithilfe des Mikroskops kann man u. a. Zellen unterschiedlicher Größe und Form betrachten. Dabei wird nicht das Objekt (z. B. ein Pollenkorn) vergrößert, sondern es entsteht ein vergrößertes Bild vom Objekt. Die mikroskopischen Bilder kann man als mikroskopische Zeichnungen darstellen oder mithilfe von Kameras fotografieren.

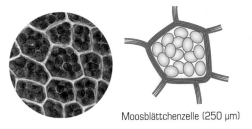

Moosblättchenzelle (250 µm)

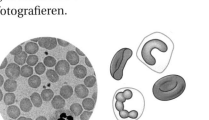

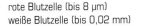

rote Blutzelle (bis 8 µm)
weiße Blutzelle (bis 0,02 mm)

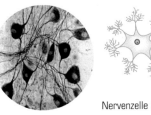

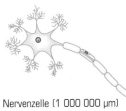

Nervenzelle (1 000 000 µm)

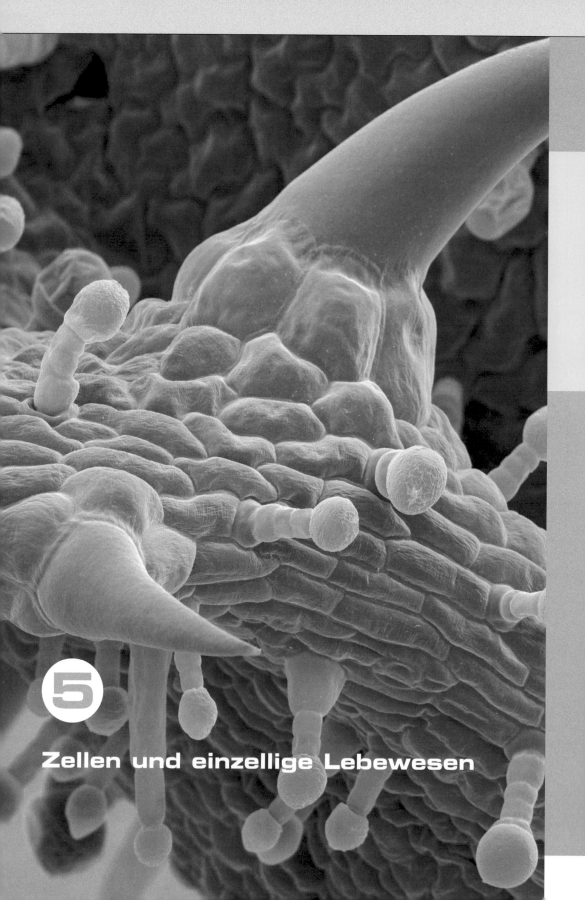

5

Zellen und einzellige Lebewesen

5.1 Bau und Funktionen der Zellen

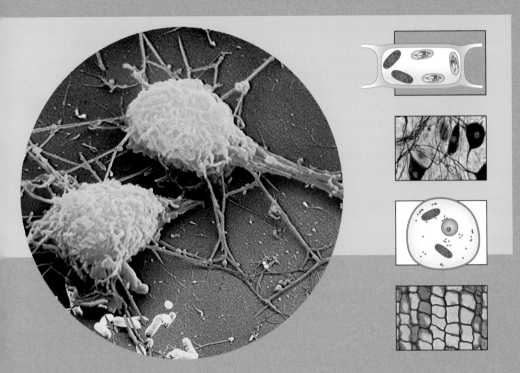

Kleine Kammern – Grundbausteine der Lebewesen ▸▸

ROBERT HOOKE (1635-1703) war sicher außerordentlich erstaunt, als er mithilfe eines Mikroskops einen dünnen Schnitt von Flaschenkork betrachtete. Viele kleine „Kammern" – so nannte er die Gebilde – sahen seine Augen. Er ahnte noch nicht, dass er die Zelle, den Grundbaustein aller Lebewesen, entdeckt hatte.

Viele verschiedene Zellformen und Zellgrößen ▸▸ So wie

Lebewesen (Pilze, Pflanzen, Tiere, Menschen) sich in Form, Größe und Aussehen unterscheiden, unterscheiden sich auch Zellen dieser Lebewesen in der Größe und der Form. Betrachtet man den Aufbau dieser Zellen genauer, stellt man Erstaunliches fest: trotz der Unterschiede gibt es viele Gemeinsamkeiten.

Formenvielfalt und Größe von Zellen

In ihrer Form und Größe sind sowohl die **Zellen** von Tieren und dem Menschen (Abb. 2 u.3, S. 113) sowie den Pflanzen unterschiedlich.

Betrachtet man mithilfe des Mikroskops z. B. die Zellen vom Flaschenkork, vom Holundermark und dem Zwiebelhäutchen (Abb. 1, S. 113), so fällt auf, dass sich die Zellen in ihrer Form und Größe unterscheiden.

Nach der **äußeren Form** sind die Zellen z. B. quaderförmig, kugelig oder zylindrisch (Abb. 1, S. 113). Die verschiedenen Zellen erfüllen auch unterschiedliche Aufgaben.

Zwischen dem Bau der Zelle und ihrer Funktion im Organismus besteht ein Zusammenhang.

Im mikroskopischen Bild erscheinen die Zellen flächig. Sie sind aber kleine Körper, die aus verschiedenen Bestandteilen bestehen.

Erhebliche Unterschiede gibt es auch in der **Größe der Zellen** (Tab., Abb. 1). Da viele Zellen sehr, sehr klein sind, wird zum Messen der Zellgröße die Maßeinheit Mikrometer (µm) verwendet. Ein Mikrometer ist immer der tausendste Teil (1/ 1000) eines Millimeters. Im Allgemeinen beträgt der Zelldurchmesser 10 bis 250 µm.

Sehr kleine Zellen findet man u. a. bei Pilzen. Sie sind nur den Bruchteil eines Millimeters lang. Faserzellen der Leinpflanze z. B. können dagegen bis zu 15 cm lang werden.

Auch Nervenzellen können eine erhebliche Länge von einem Meter erreichen. Sehr groß sind auch die Eizellen einiger Tiere, z. B. erreicht die Eizelle unseres Haushuhnes (das Eigelb) eine Größe von 20 mm (20 000 µm).

Zellarten	Zellgrößen
menschliche Samenzelle	50 µm (Länge)
menschliche Eizelle	100 µm
Hühnerei	20 000 µm
Straußenei	75 000 µm
Mundschleimhautzelle	60 –80 µm
Nervenzelle	1 000 000 µm
glatte Muskelzelle	300 µm
Moosblättchenzelle	250 µm
Zwiebelhautzelle	400 µm
Holundermarkzelle	200 µm
Korkzelle	30 µm
Faserzelle vom Lein	70 000 – 150 000 µm

Zellen sind in ihrer Größe verschieden ⓜ und in ihrer Form vielfältig.
Zellen sind die Grundbausteine aller Lebewesen.

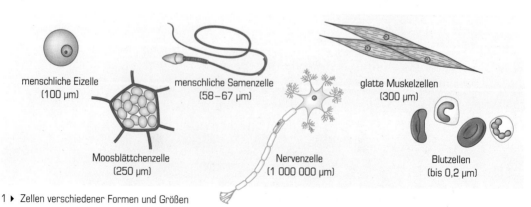

menschliche Eizelle
(100 µm)

menschliche Samenzelle
(58–67 µm)

glatte Muskelzellen
(300 µm)

Moosblättchenzelle
(250 µm)

Nervenzelle
(1 000 000 µm)

Blutzellen
(bis 0,2 µm)

1 ▶ Zellen verschiedener Formen und Größen

5

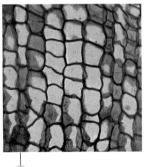 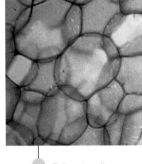 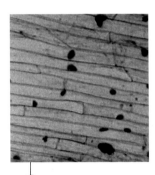

1 ▶
Gestalt und Formen
der Zellen werden
von ihrer Funktion
im Organismus
bestimmt.

● Zellen, quaderförmig
z. B. Zellen vom Flaschenkork

● Zellen, kugelig
z. B. Zellen vom Holundermark

● Zellen, zylindrisch
z. B. Zellen der Zwiebelhaut

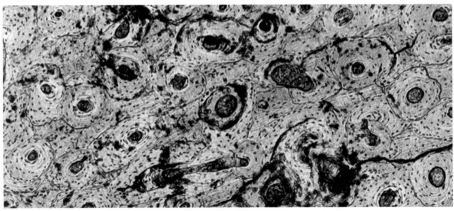

2 ▶
Knochenzellen
(60fach vergrößert)

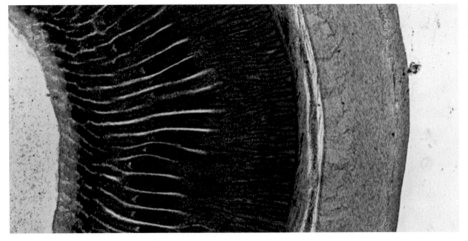

3 ▶
Dünndarm
(quer, 35fach
vergrößert)

Bau von Pflanzenzellen

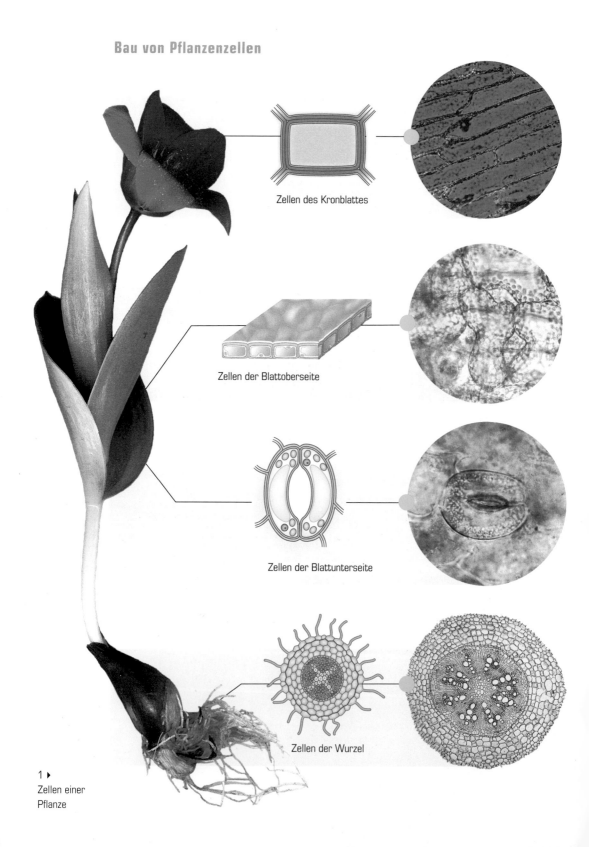

Zellen des Kronblattes

Zellen der Blattoberseite

Zellen der Blattunterseite

Zellen der Wurzel

1 ▶
Zellen einer
Pflanze

Pflanzen bestehen wie alle Lebewesen aus Zellen. In den Zellen z. B. der Kronblätter fallen die großen **Vakuolen** mit dem roten Zellsaft in der Mitte der Zelle auf. Sie sind von einem zähflüssigen, durchsichtigen **Zellplasma** umgeben. Es enthält zahlreiche verschiedene Stoffe.

Im Zellplasma liegt der rundliche **Zellkern.** Er steuert alle Lebensvorgänge der Zelle. Außerdem sind im Zellplasma viele **Mitochondrien** eingelagert. Sie dienen der „Energieversorgung der Zelle".

Das Zellplasma wird von einer dünnen Haut, der **Zellmembran,** begrenzt. Den Abschluss nach außen bildet die **Zellwand.** Sie verleiht der Zelle die Gestalt und Festigkeit.

In den **Zellen des Laubblattes** erkennt man viele grüne Körner. Das sind **Chloroplasten.** Sie enthalten den Farbstoff **Chlorophyll,** der für die grüne Farbe (z. B. der Laubblätter) verantwortlich ist.

Die Chloroplasten spielen beim Aufbau organischer Stoffe eine große Rolle. Dort wird nämlich aus den anorganischen Stoffen Wasser und Kohlenstoffdioxid unter Nutzung des Sonnenlichtes Traubenzucker gebildet. Bei diesem Vorgang, der **Fotosynthese,** entsteht Sauerstoff.

Bei vielen Pflanzen unterscheiden sich die Zellen von *Blattoberseite* und *-unterseite.* An der Blattunterseite befinden sich meist **bohnenförmige Schließzellen,** die einen Spalt bilden (**Spaltöffnungen**). Durch diese nehmen die Pflanzen Gase (u. a. Sauerstoff, Kohlenstoffdioxid) auf und geben sie ab, auch Wasser in Form von Wasserdampf.

Die **Zwiebelhautzelle** ist ähnlich aufgebaut. Ihre Zellwand und Zellmembran sind besonders zart und dünn. Dadurch können Wasser und die darin enthaltenen Mineralstoffe (z. B. Blumendünger) leichter aufgenommen werden.

Im Vergleich zu anderen Zellen ist die **Wurzelzelle** farblos. Sie besitzt keine Chloroplasten mit Chlorophyll.

Aufgaben

1. *Übernimm die Tabelle in dein Heft und fülle die Lücken aus.*

Teile der Pflanzenzelle	Funktion
	Steuerung …
Zellwand	
	Begrenzung …
Vakuolen	
Chloroplasten	Herstellung von Nährstoffen …
Zellplasma	

2. *Vergleiche die auf S. 114 abgebildeten Pflanzenzellen. Finde eine Erklärung zu den Unterschieden.*

3. *Beschreibe den Zusammenhang von Bau und Funktion am Beispiel der Schließzellen. Informiere dich dazu über die Arbeitsweise dieser Zellen.*

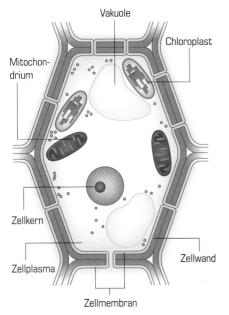

Vakuole
Chloroplast
Mitochondrium
Zellkern
Zellplasma
Zellwand
Zellmembran

1 ▸ Bau einer Pflanzenzelle (schematisch)

Untersuchung

Untersuche den Querschnitt vom Holundermark

Materialien:
Mikroskop, Objektträger, Deckgläschen, Rasierklinge, Lanzettnadel, Pipette, Filterpapier, Wasser, Holundermark

Durchführung und Beobachtung:
1. Entnimm aus einem jungen Holunderzweig das Mark.
2. Fertige mit der Rasierklinge mehrere sehr dünne Schnitte vom Holundermark an (Vorsicht, Arbeitsschutz beachten!).
3. Lass dir gegebenenfalls das Vorgehen vom Lehrer zeigen.
   Übertrage den dünnsten Schnitt auf einen Objektträger.
4. Betrachte das Objekt mithilfe des Mikroskops. Zeichne einige Zellen und beschrifte die erkannten Teile.

Auswertung:
1. Beschreibe deine Beobachtungsergebnisse.
2. Erläutere die Funktion der erkannten Bestandteile.
3. Welche Aufgabe erfüllt das Mark im Holunderstängel?

2 ▸ Sprossachse und Sprossachsenquerschnitt

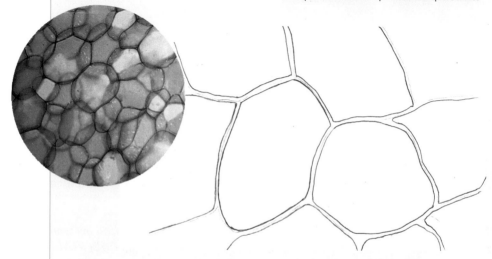

1 ▸ Holundermarkzellen (mikroskopisches Bild und Schülerzeichnung)

5

Untersuche ein Blättchen vom Sternmoos bzw. von der Wasserpest

Materialien:
Blättchen von Sternmoos oder Wasserpest, Lupe, Mikroskop, Objektträger, Deckgläschen, Pipette, Wasser, Pinzette

Durchführung und Beobachtung:
1. Trenne ein Blättchen vom Stämmchen der Moospflanze oder der *Wasserpestpflanze* ab.
2. Fertige ein Frischpräparat von Moosblättchen oder vom Blättchen der *Wasserpest* an.
3. Betrachte das Objekt mithilfe eines Mikroskops oder einer Lupe.
4. Fertige eine Zeichnung von einem Ausschnitt des mikroskopischen Bildes an.

Auswertung:
Beschreibe das mikroskopische Bild.

1 ▸ Sternmoos (Mnium)

Untersuche einige Zellen der Kartoffelknolle

Materialien:
Kartoffelknolle, Skalpell oder Rasierklinge mit Halter, Mikroskop, Objektträger, Deckgläschen, Pipette, Iod-Kaliumiodid-Lösung

Durchführung und Beobachtung:
1. Schneide aus einer Kartoffelknolle mehrere Zylinder heraus. Nimm einen Zylinder und versuche mit der Rasierklinge möglichst dünne und durchsichtige Scheibchen zu schneiden (Arbeitsschutz beachten!).
2. Gib ein Scheibchen mit der Pinzette in einen Wassertropfen auf dem Objektträger, bedecke das Objekt mit einem Deckgläschen.
3. Betrachte das Objekt mithilfe des Mikroskops und zeichne einige Zellen.
4. Sauge mithilfe von Filterpapier Iod-Kaliumiodid-Lösung unter dem Deckgläschen hindurch.
5. Betrachte das gefärbte Objekt mithilfe des Mikroskops und zeichne einige Zellen.

Auswertung:
1. Beschreibe beide mikroskopischen Bilder.
2. Erläutere die Aufgaben der Zellen der Kartoffelknolle.

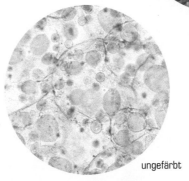

gefärbt

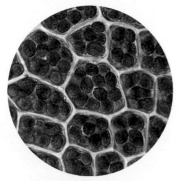

2 ▸ Zellen des Moosblättchens

ungefärbt

3 ▸ Zellen der Kartoffelknolle

Bau von Tierzellen

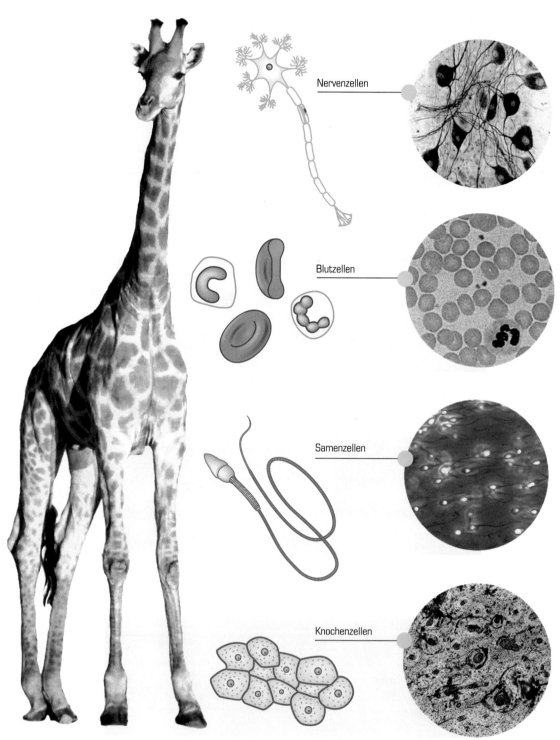

Nervenzellen

Blutzellen

Samenzellen

Knochenzellen

1 ▶ Vielfalt der Tierzellen

5

Im mikroskopischen Bild einer **Tierzelle** (Abb. 1) ist wie bei pflanzlichen Zellen ein **Zellkern** zu erkennen. Abgegrenzt werden die Zellen ebenfalls durch eine **Zellmembran.** Die Zellmembran ist ein dünnes Häutchen, das mithilfe eines Lichtmikroskops nur schwer erkennbar ist. Eine *Zellwand* ist bei tierischen Zellen nicht vorhanden.

Der Raum zwischen Zellkern und Zellmembran ist bei jungen wie auch bei älteren tierischen Zellen vollständig mit **Zellplasma** ausgefüllt. Darin sind ebenfalls Mitochondrien eingelagert.

Im Zellplasma befinden sich winzige, von einer Membran umschlossene Bläschen. Sie enthalten verschiedene Verdauungssäfte (Abb. 1).

Mit Zellsaft gefüllte große *Vakuolen* und *Chloroplasten* **fehlen** in einer tierischen Zelle.

Wenn man pflanzliche und tierische Zellen miteinander vergleicht, findet man Gemeinsamkeiten und Unterschiede.

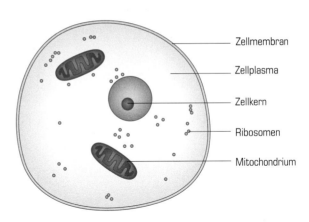

— Zellmembran
— Zellplasma
— Zellkern
— Ribosomen
— Mitochondrium

1 ▸ Bau einer Tierzelle (schematisch)

Aufgaben

4. *Informiere dich über die Aufgaben der Mitochondrien.*

5. *Vergleiche pflanzliche und tierische Zellen. Fertige dazu eine Tabelle an.*

6. *Beschreibe die Angepasstheit der auf S. 118 abgebildeten Zellen an ihre jeweilige Aufgaben.*

Untersuchung

Untersuche einige Zellen der Mundschleimhaut

Materialien:
Mikroskop, Wasser, Objektträger, Deckgläschen, Streichholz, 2 Pipetten, Filterpapier, Methylenblau- oder Eosinlösung, Zellen der Mundschleimhaut

Durchführung und Beobachtung:
1. Schabe mit dem Streichholz wenig Mundschleimhaut von der Innenseite deiner Wange ab (Beachten der Hygiene!) und übertrage sie auf einen Objektträger.

2. Vermische sie mit einem Tropfen Wasser und lege ein Deckgläschen auf.

3. Sauge mithilfe des Filterpapiers einen Tropfen der Farbstofflösung unter dem Deckgläschen hindurch.

4. Betrachte die Zellen mithilfe des Mikroskops. Zeichne eine Zelle und beschrifte die erkannten Teile.

Auswertung:
1. Beschreibe den Bau der Zellen.

2. Erläutere die Funktion der erkannten Zellbestandteile.

Von der Zelle zum Organismus

	Zelle ● ——————————▶	Gewebe ● ——————————▶
	Alle Lebewesen sind durch die gleichen Merkmale gekennzeichnet: sie ernähren sich, sie wachsen, sie vermehren sich, sie reagieren auf Reize aus der Umwelt und sie bestehen aus Zellen. Bei Lebewesen, die nur aus einer **Zelle** (Einzeller) bestehen, ganz gleich, ob es sich um tierische oder pflanzliche Zellen handelt, führt diese Zelle alle Lebensvorgänge aus.	Mit der Entwicklung vielzelliger Lebewesen haben sich Zellen oder Zellgruppen auf die Ausführung bestimmter Lebensfunktionen spezialisiert. Das bedeutet, es erfolgte eine Funktionsteilung unter den Zellen. Einige von ihnen sind z. B. nur noch für die Ernährung oder die Fortpflanzung zuständig. Zellgruppen, die gemeinsam eine Lebensfunktion ausführen, bilden einen Zellverband. Sie stehen untereinander in Verbindung, sind aber in der Regel allein nicht lebensfähig. Sie bilden ein **Gewebe.**
Pflanze	 Zelle des Blattes	 Leitgewebe
Tier/ Mensch	 Muskelzelle	 glattes Muskelgewebe

Von der Zelle zum Organismus

Organ ●━━━━━━━━━━━▶ **Organismus**

Wenn verschiedene Gewebe gemeinsam eine Lebensfunktion ausführen, spricht man von **Organen.** So sind Wurzel, Stängel, Blätter und Blüten Organe einer Pflanze.
Herz, Lunge, Gehirn, Haut und Augen sind Beispiele für Organe bei Mensch und Tier.
Organe, welche eine gemeinsame Aufgabe in einem Lebewesen lösen, fasst man als **Organsysteme** zusammen. Beispiele sind das Verdauungssystem oder das Nervensystem bei Tier und Mensch. Bei den Pflanzen spricht man z. B. vom Leitungssystem und Fortpflanzungssystem.

Erst das Zusammenwirken von Zellen, Geweben, Organen und Organsystemen ermöglicht das tierische bzw. pflanzliche Leben, man spricht von einem **Organismus**.
In ihm arbeiten viele „Spezialisten" zusammen. Durch diese Arbeitsteilung nimmt die Leistungsfähigkeit eines Lebewesens, eines Organismus, zu.

Pflanze

Blatt

Baum

Tier/ Mensch

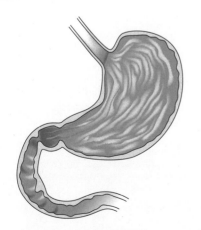

Magen (Teil des Verdauungssystems)

Mensch

Lebensvorgänge in pflanzlichen und tierischen Zellen

Ernährung und **Wachstum** sind wesentliche Kennzeichen aller Lebewesen. Um zu wachsen, müssen die Lebewesen aus der Umwelt Nahrung mit den darin enthaltenen Nährstoffen aufnehmen. Die Nährstoffe benötigen sie, um ihre Lebensfunktionen aufrechtzuerhalten (Abb. 1, 2).

Zellen ernähren sich

In der Ernährung der Zellen gibt es Unterschiede. Die Zellen des **Menschen,** der **Tiere** und der meisten **Bakterien** sind auf **organische Stoffe** als Nährstoffe (z. B. Traubenzucker, Stärke, Eiweiße, Fette) angewiesen. Daraus bauen diese Organismen ihre eigenen energiereichen organischen Körperstoffe auf. Man sagt, die Zellen dieser Lebewesen ernähren sich **heterotroph** (Abb. 1).

Zellen der **Pflanzen mit Chloroplasten** und einige **Bakterien,** die **Chlorophyll** besitzen, ernähren sich dagegen von energiearmen anorganischen Stoffen, von Kohlenstoffdioxid aus der Luft, von Wasser und Mineralstoffen aus dem Boden. Man sagt, diese Zellen ernähren sich **autotroph** (Abb. 2). Aus Wasser und Kohlenstoffdioxid bauen sie in den Chloroplasten mithilfe des Chlorophylls und unter Nutzung des Sonnenlichtes **Traubenzucker** auf (Fotosynthese). Unter Nutzung von Mineralstoffen werden in den Zellen zudem Eiweiße, Fette und andere Stoffe gebildet.

Zellen von Pflanzenteilen, die keine Chloroplasten besitzen, z. B. Zellen der Wurzel, der Samen und Früchte, müssen mit den in den chlorophyllhaltigen Zellen gebildeten energiereichen organischen Stoffen versorgt werden.

> Ernährung ist die Aufnahme von Stoffen aus der Umwelt in den Körper bzw. die Zelle. Man unterscheidet heterotrophe und autotrophe Ernährung. (M)

Die energiereichen organischen Nährstoffe (z. B. Traubenzucker, Eiweiß), die Menschen, Tiere Pilze und die meisten Bakterien benötigen, werden letztlich von Pflanzen mit Chlorophyll erzeugt.

Pflanzen mit Chlorophyll bilden also die Lebensgrundlage für alle anderen Organismen, auch für den Menschen.

Aufgaben (?)

7. *Vergleiche die autotrophe Ernährung mit der heterotrophen.*

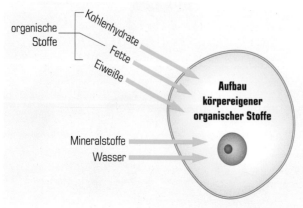

1 ▸ Heterotrophe Ernährung einer Tierzelle

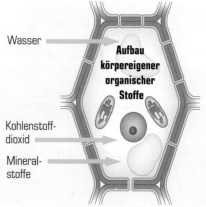

2 ▸ Autotrophe Ernährung einer Pflanzenzelle

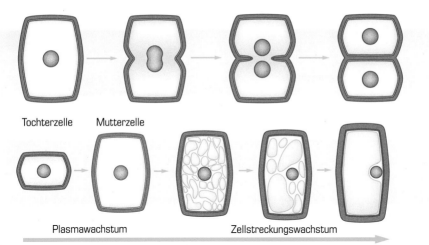

5

1 ▸
Eine Pflanzenzelle
teilt sich
(schematisch).

Tochterzelle   Mutterzelle

2 ▸
Eine Pflanzenzelle
wächst
(schematisch).

Plasmawachstum   Zellstreckungswachstum

Zellen teilen und vermehren sich

Die zahlreichen Zellen der Pflanzen und
Tiere beispielsweise sind aus einer Zelle,
aus der befruchteten Eizelle, durch Teilung hervorgegangen.

Die **Zellteilung** beginnt mit der Teilung
des Zellkerns. Jede neue Zelle erhält dabei
die gleichen Bestandteile der vorher ver-
doppelten Zellkernbestandteile. Zwischen den beiden neuen Zellkernen
bildet sich eine zarte Membran, die zu-
nehmend verstärkt wird.

Die **tierische Mutterzelle** schnürt sich
von außen ein und bildet eine Zellmembran zwischen den beiden Kernen. Bei
der **pflanzlichen Mutterzelle** entsteht
von innen zusätzlich eine neue Zellwand
(Abb. 1).

Danach liegen zwei kleine Zellen vor,
die gleich groß sind, gleich aussehen und
die gleichen Bestandteile enthalten. Diese *Tochterzellen* sind durch Zellteilung
(Zellteilungswachstum) aus der *Mutterzelle* hervorgegangen.

Die zwei Tochterzellen sind zunächst
zusammen nur so groß wie die Mutterzelle, aus der sie entstanden sind.

Jede der beiden Zellen **wächst** nun wieder. Ist eine bestimmte Größe erreicht,
können sie sich wieder teilen. So erfolgt
ständig eine **Erneuerung** und **Vermehrung** der Zellen.

> Zellteilung ist die Entstehung neuer (M)
> Tochterzellen aus Mutterzellen. Sie be-
> ginnt mit der Kernteilung.

Zellen wachsen

Durch Aufnahme von Nährstoffen aus
der Umwelt und ihre Umwandlung zu
körpereigenen Stoffen in den Zellen
nimmt das **Zellplasma** zu. Die Zellen
wachsen. Gleichzeitig entstehen bei
Pflanzenzellen durch Wasseraufnahme
Vakuolen. Die **Zellen,** einschließlich der
Zellwand, **strecken sich**. Die Zelle wird
größer (Abb. 2). Indem die Zellen wachsen, wächst auch das ganze Lebewesen.

Das Wachstum von Pflanzen, Tieren und
dem Menschen unterscheidet sich. Während Pflanzen zeitlebens wachsen, wachsen Tiere und der Mensch nur im
Jugendalter. Das Pflanzenwachstum findet vor allem an den Blatt- und Wurzel-
spitzen sowie in den Blatt- und Blü-
tenknospen statt.

Aufgaben   (?)

8. *Beschreibe die Teilung und das Wachstum von Zellen.
   Vergleiche dabei pflanzliche und tierische Zellen.*

Projekt

Zellmodelle

Zellen sind räumliche Gebilde. Wie ROBERT HOOKE im 17. Jahrhundert schon feststellte, besteht Kork aus kleinen voneinander getrennten „Schachteln".

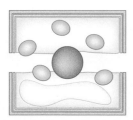

a ▸ pflanzliche Zelle

Zellmodelle aus Streicholzschachteln und Tischtennisbällen
Material:
Streichholzschachtel, alter Tischtennisball, Knete, braune Kugel – Zellkern, grüne Kugeln – Chloroplasten, Auskleidùng mit Alufolie – Zellmembran, hellblaue Knete – Vakuole, Watte – Zellplasma

Hinweis:
Die Schachteln jedes Schülers können zu einem Gewebe zusammengesetzt werden.

Auswertung:
Schaut euch eure Mitschüler/innen an. Ihr seht alle unterschiedlich aus, es gibt kleinere und größere unter euch. Genauso ist es mit den Zellen der Pflanze. Dies ist ein Nachteil des obigen Modells, die Zellen eines Gewebes sind nicht alle so einheitlich wie im Streichholzschachtelmodell.

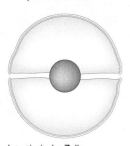

b ▸ tierische Zelle

Zellmodell aus Seifenblasen
Mit dem Seifenblasenmodell kann man die räumliche Anordnung eines Zellgewebes ebenfalls verdeutlichen.

Material:
flaches Glas (z. B. Petrischale) oder Einweckglas, Wasser, Spülmittel, Trinkhalm

Durchführung:
Gebt etwas Wasser auf das Glas, so dass der Boden ca. 2 cm bedeckt ist. In das Wasser wird nun etwas Spülmittel getropft. Nehmt einen Trinkhalm und pustet vorsichtig hinein, bis sich Schaum bildet.
Betrachtet die Schaumkrone.

Auswertung:
Für welches Objekt steht die Seifenblase in diesem Modell?
Vergleicht dieses Modell mit dem Modell aus Streichholzschachteln (auch als Partnerarbeit möglich).

Zellmodell aus Plastikdosen
Bastelt aus den abgebildeten
Materialien eine pflanzliche Zelle.

5

1. Fertige ein räumliches Modell einer Zelle an. Verwende dazu geeignetes Material, z. B. Plastikbehälter. Stelle das Modell deinen Mitschülern vor.
   Erläutere, welche Teile den Bestandteilen der Zelle entsprechen.

2. Welche von den nachfolgenden Zellen hat keine Zellwand?
   Begründe deine Entscheidung.
   × a) Zellen der Mundschleimhaut
   b) Zellen der Wurzeln von Pflanzen
   c) Zellen eines Moosblättchens   *Zellwand*
   ↗ d) Zellen der Darmwand
   Tiere und Menschen haben keine

3. Die folgende Abbildung veranschaulicht Zellen von der *Wasserpest*. Nenne die abgebildeten Bestandteile und deren Funktionen.

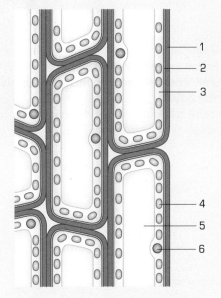

4. Vergleiche Pflanzenzellen mit Zellen von Tieren. Fertige dazu eine Tabelle an.

5. Übertrage den folgenden Text in dein Heft. Fülle den Lückentext aus.
   Alle Lebewesen sind aus (1) aufgebaut.

Sowohl die Zellen der Tiere, Pilze und des Menschen als auch die Zellen der Pflanzen sind von einer (2) begrenzt. Bestandteile aller lebenden Zellen sind weiterhin das (3), der (4) und die (5). In den Zellen grüner Pflanzen befinden sich außerdem (6) und (7) Sie besitzen zusätzlich eine (8).

6. Betrachtet man Zellen der Zwiebelhaut mithilfe des Mikroskops, so findet man keine Chloroplasten. Begründe.

7. Lege ein Haar auf einen Objektträger und mikroskopiere.
   Schätze die Dicke des Haares.

8. Welcher der folgenden Sätze ist richtig? Begründe deine Entscheidung.
   a) Pflanzliche und tierische Zellen sind völlig gleich aufgebaut.
   b) Pflanzliche und tierische Zellen haben gemeinsame, aber auch unterschiedliche Merkmale.
   c) Pflanzliche und tierische Zellen unterscheiden sich völlig voneinander.

9. Entnimm aus einem Aquarium einen Tropfen Wasser.
   Fertige damit ein Frischpräparat an.
   Betrachte den Wassertropfen mithilfe des Mikroskops.
   Was kannst du erkennen? Überlege, ob Zellen darunter sind.

10. Beschreibe, wie sich Zellen vermehren. Welche Unterschiede gibt es dabei zwischen pflanzlichen und tierischen Zellen?

11. Erkläre die Begriffe autotrophe und heterotrophe Ernährung.
    Nenne je ein Beispiel für beide Ernährungsweisen.

Das Wichtigste auf einen Blick

Bau von Zellen

Zellen sind Grundbausteine aller Lebewesen.

Alle Lebewesen sind aus mikrokopisch kleinen Bausteinen („Kammern"), den Zellen, aufgebaut. **Form** und **Größe** der

Zellen sind in Abhängigkeit von ihren Funktionen sehr unterschiedlich.

Pflanzliche und tierische Zellen weisen im Bau Gemeinsamkeiten, aber auch Unterschiede auf.

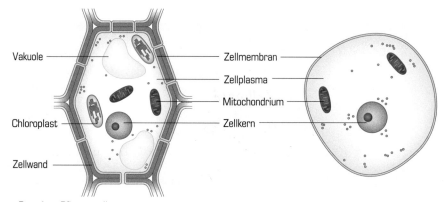

a ▸ Bau einer Pflanzenzelle

b ▸ Bau einer Tierzelle

Lebensweise von Zellen

Ernährung: Aufnahme von körperfremden Stoffen aus der Umwelt in die Zelle zur Aufrechterhaltung aller Lebensfunktionen

Zellteilung: Entstehung neuer Tochterzellen aus Mutterzellen

Zellvermehrung: Erhöhung der Anzahl der Zellen

Zellwachstum: Volumenzunahme und damit Vergrößerung der Zellen

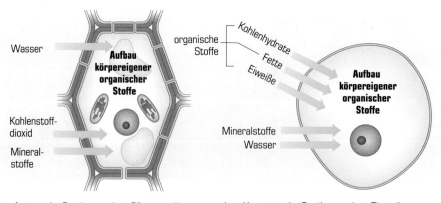

a ▸ Autotrophe Ernährung einer Pflanzenzelle

b ▸ Heterotrophe Ernährung einer Tierzelle

⑤

5.2
Lebewesen, die nur aus einer Zelle bestehen

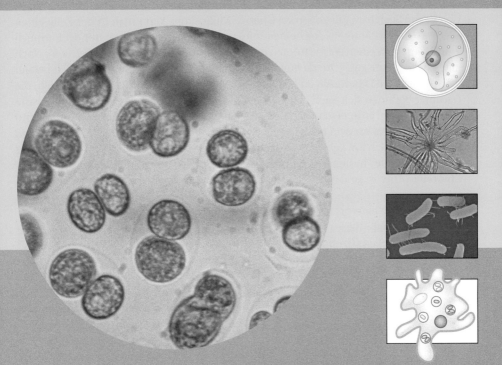

Leben in einem Tropfen Wasser ➤➤ In einem Teich kann man mit bloßem Auge z. B. Fische erkennen, ansonsten erscheint das Wasser „durchsichtig". Beim Betrachten eines Wassertropfens mithilfe des Mikroskops sieht man aber viele kleine Lebewesen, die sich ständig bewegen.

Rätsel um die Pest ➤➤ Jahrhundertelang haben Pest, Cholera und andere Seuchen die Menschen immer wieder heimgesucht. 1720 hat die Pest im Gebiet von Marseille (Frankreich) ca. 50 000 Menschen das Leben gekostet.

Geheimnisvolle Helfer ➤➤ Schon 3 000 Jahre vor unserer Zeitrechnung nutzten Menschen Vorgänge, von deren Abläufen sie keine Ahnung hatten. Aus vergorenem Saft stellten sie damals bereits alkoholische Getränke her, aus Milch bereiteten sie Quark zu und stellten Käse her.

Bau und Lebensweise von einzelligen Grünalgen

Chlorella

Wasser von Seen bzw. Pfützen sowie Überzüge an Baumstämmen erscheinen oft grün. Wenn man einen Wassertropfen mithilfe des Mikroskops betrachtet, sind meist zahlreiche Lebewesen zu erkennen. Darunter befinden sich auch kleine kugelige Gebilde, die grün erscheinen und die Grünfärbung des Wassers bewirken. Hierbei handelt es sich um Lebewesen, die nur aus **einer Zelle** bestehen. Sie werden **Chlorella** (Abb. 2) genannt und gehören zu den **Algen.**

Algen bilden eine große Organismengruppe. Innerhalb dieser Gruppe gibt es **Grünalgen.** In diese Gruppe gehört *Chlorella.*

Neben einzelligen Algen, wie der *Chlorella,* gehören auch andere Algen, die aus mehreren Zellen bestehen, zu den Grünalgen.

Die Grünalge *Chlorella* hat einen Durchmesser von 20 μm. Mithilfe eines Mikroskops kann man in der Zelle einen großen **Chloroplasten** mit Chlorophyll sowie einen **Zellkern** gut erkennen. Nach außen ist Chlorella durch eine Zellwand abgegrenzt. Darunter befindet sich die **Zellmembran,** die wie das **Zellplasma** meist schwer zu sehen ist (Abb. 2). Es sind also alle Bestandteile vorhanden, die von Zellen bekannt sind. *Chlorella* besteht nur aus dieser einen Zelle, sie ist ein eigenständiger Organismus mit allen Kennzeichen des Lebens. Sie ist reizbar, pflanzt sich fort und ernährt sich.

Aufgaben

1. *Die Hüllengeißelalge (Abb. 3) ist ebenfalls ein einzelliges Lebewesen und gehört zu den Grünalgen. Informiere dich über die Lebensweise dieser Alge.*

1 ▸
Aufnahme anorganischer Stoffe durch die Chlorella (autotrophe Ernährung)

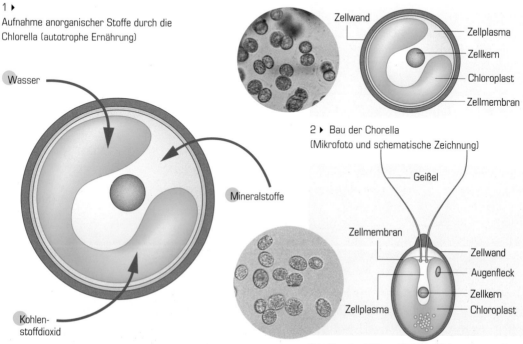

Wasser

Mineralstoffe

Kohlenstoffdioxid

Zellwand
Zellplasma
Zellkern
Chloroplast
Zellmembran

2 ▸ Bau der Chorella
(Mikrofoto und schematische Zeichnung)

Geißel

Zellmembran
Zellwand
Augenfleck
Zellkern
Zellplasma
Chloroplast

3 ▸ Bau der Hüllengeißelalge (Chlamydomonas)
(Mikrofoto und schematische Zeichnung)

5

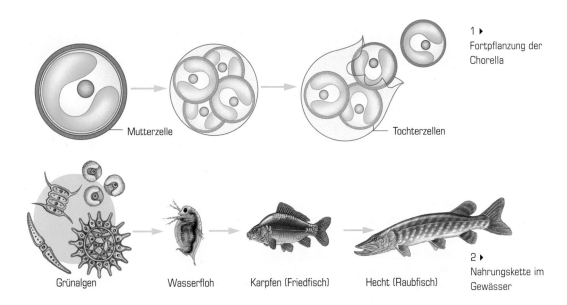

1 ▸
Fortpflanzung der
Chorella

Mutterzelle

Tochterzellen

Grünalgen   Wasserfloh   Karpfen (Friedfisch)   Hecht (Raubfisch)

2 ▸
Nahrungskette im
Gewässer

Die **Fortpflanzung** erfolgt, indem sich in der Mutterzelle Tochterzellen bilden, die frei werden, wenn die Mutterzelle zerfällt (Abb. 1).

Chlorella betreibt eine **autotrophe Ernährungsweise** (Abb. 1, S. 128). Sie ist in der Lage, Kohlenstoffdioxid und Wasser aufzunehmen und im Licht mithilfe des Chlorophylls *Traubenzucker* und *Sauerstoff* zu bilden (Fotosynthese). Sauerstoff wird an die Umwelt abgegeben. Traubenzucker ist Ausgangsstoff für die Bildung weiterer Stoffe, z. B. von Eiweißen und Fetten.

Bedeutung der Grünalgen

Die Grünalge *Chlorella* schafft wie alle Pflanzen die Lebensgrundlage für andere Lebewesen. Sie bildet u. a. die Nahrungsgrundlage für Tiere. Sie und andere Algen stehen deshalb z. B. in einem See immer am Anfang von **Nahrungsketten** (Abb. 2).

Der Sauerstoff, der im Prozess der **Fotosynthese** gebildet wird, ist Grundlage für die Atmung aller Lebewesen.

Die Inhaltsstoffe der Grünalgen werden u. a. bei der Herstellung von Pudding eingesetzt. In asiatischen Ländern wie Japan und China sind sie direkt Nahrungsmittel.

Auch in der **Forschung** sind Grünalgen wichtig. An ihnen kann man die Lebensprozesse sehr gut beobachten. Zu diesem Zweck werden einzellige oder nur aus wenigen Zellen bestehende Grünalgen in sog. **Rohrschlangenkultivatoren** (Abb. 3) gezüchtet. Hier herrschen optimale Lebensbedingungen (Licht und genügend Nährstoffe), so dass sie sich sehr gut entwickeln können.

Aufgaben

2. Erläutere die Bedeutung der Grünalgen.

3 ▸ Rohrschlangenkultivator in einem Forschungslabor

Bau und Lebensweise einzelliger Tiere

Pantoffeltierchen

Auch das Kammertierchen ist ein einzelliges Tier. Als Meeresbewohner besitzt es eine Schale aus Kalk oder kleinen Fremdpartikeln. Die Schale wird durch Ausscheidung oder Aufnahme von Stoffen aus der Umwelt gebildet. Im Verlauf von Jahrmillionen sind nach dem Tod der Tiere durch die Schalen großer Ablagerungen entstanden.

Nicht nur bei Pflanzen gibt es Lebewesen, die nur aus einer Zelle bestehen.

Wenn man einen Tropfen Wasser aus einem **Heuaufguss** (s. S. 132) mithilfe des Mikroskops betrachtet, fallen kleine, etwa 0,1 bis 0,3 mm lange Organismen auf, die sich sehr schnell bewegen. Wegen der an einen Pantoffel erinnernden Form hat man sie **Pantoffeltierchen** genannt. Solche *Pantoffeltierchen* findet man in stehenden Gewässern (z. B. Pfützen, Tümpel) mit viel organische Stoffen.

Pantoffeltierchen bestehen ebenfalls nur aus **einer Zelle.** Die Zelle wird von einer **Zellmembran** begrenzt, die zahlreiche **Wimpern** besitzen. Diese dienen der Fortbewegung. Der Innenraum der Zelle ist mit **Zellplasma** ausgefüllt, in das **Zellkerne** sowie **Nahrungs-** und **pulsierende Vakuolen** eingelagert sind.

An einer Seite erkennt man eine Art **Zellmund,** über den die *Pantoffeltierchen* u. a. Bakterien und kleine Algen als Nahrung aufnehmen. Sie ernähren sich also **heterotroph.**

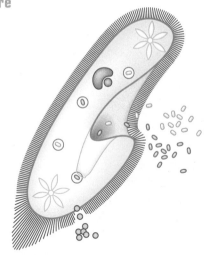

2 ▶ Aufnahme organischer Stoffe (Kohlenhydrate, Fette, Eiweiße) durch das Pantoffeltierchen (heterotrophe Ernährung)

Die Nahrung wird von einer Nahrungsvakuole umschlossen und darin verdaut. Die unverdaulichen Reste werden durch den **Zellafter** ausgeschieden.

In den pulsierenden Vakuolen sammelt sich überschüssiges Wasser, das nach außen abgegeben wird.

Die **Fortpflanzung** erfolgt durch **Querteilung** einer Zelle.

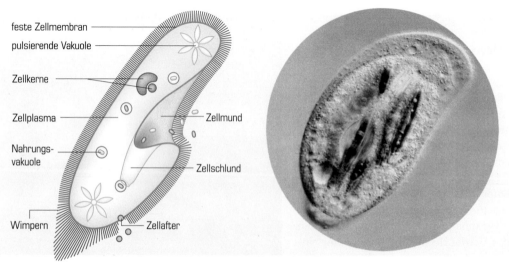

feste Zellmembran
pulsierende Vakuole
Zellkerne
Zellplasma — Zellmund
Nahrungsvakuole
— Zellschlund
Wimpern — Zellafter

1 ▶ Bau des Pantoffeltierchens (schematische Zeichnung und Mikrofoto)

5

Die Schlammamöbe (Amöbe)

Es gibt noch weitere einzellige Tiere. Darunter befindet sich die **Amöbe**, die im Schlamm meist stehender Gewässer und an Wasserpflanzen lebt.

Das Auffälligste an diesem einzelligen Tier ist, dass es seine Gestalt verändern kann. Deshalb nennt man die Amöbe auch „**Wechseltierchen**". Der Wandel erfolgt durch die Bildung von **Scheinfüßchen**, mit deren Hilfe sich die *Amöbe* kriechend fortbewegt (Abb. 2).

Als **Nahrung** nimmt sie Bakterien, andere kleine Einzeller und Reste von Lebewesen auf. Die Nahrung wird von den Scheinfüßchen umflossen und in der Nahrungsvakuole verdaut (Abb. 1).

Die **Fortpflanzung** erfolgt ebenfalls durch **Teilung** der Mutterzelle (Abb. 3).

3 ▸ Fortpflanzung der Amöbe durch Zellteilung

Aufgaben

3. *Beschreibe Bau und Lebensweise der einzelligen Tiere am Beispiel des Pantoffeltierchens.*

4. *Vergleiche die Ernährung der einzelligen Pflanzen mit der der einzelligen Tiere.*

Nahrungspartikel — Umfließen der Nahrung — Einschließen der Nahrung

1 ▸ Nahrungsaufnahme durch die Amöbe

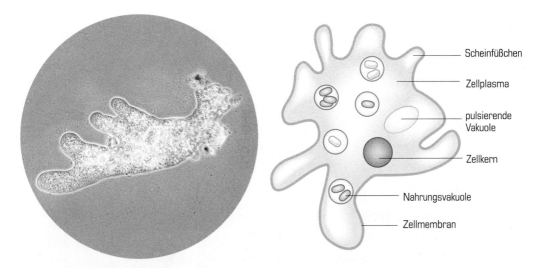

Scheinfüßchen

Zellplasma

pulsierende Vakuole

Zellkern

Nahrungsvakuole

Zellmembran

2 ▸ Bau der Amöbe (Mikrofoto und schematische Zeichnung)

1. Betrachtung grün gefärbter Überzüge von Baumstämmen bzw. Terrassenplatten oder eines grün schimmernden Tropfens Wasser aus einem Gewässer

Materialien:
Mikroskop, Spatel oder Messer, Becherglas, Pipette, grün gefärbte Überzüge bzw. grün schimmerndes Wasser

Durchführung:
1. Mit dem Spatel (oder Messer) grün gefärbte Überzüge von Gegenständen kratzen und in das Becherglas geben oder grün schimmerndes Wasser eines Gewässers mit dem Becherglas entnehmen.
2. Herstellen eines Frischpräparates.

Beobachtung/Auswertung:
1. Betrachte das Frischpräparat mithilfe des Mikroskops.
2. Fertige Übersichtsskizzen von den Lebewesen an, die du entdeckst.
3. Prüfe, ob sich darunter die einzellige Grünalge Chlorella befindet.

2. Anlegen eines Heuaufgusses und Untersuchung der Flüssigkeit nach einigen Tagen

Materialien:
Mikroskop, Pipette, Becherglas (oder Weckglas), Deckel, Wasser aus einem Tümpel, Teich oder überschwemmter Wiese, Heu (oder trockenes Gras von feuchten Wiesen)

Durchführung:
1. 2 bis 4 g (nicht mehr) Heu bzw. trockenes Gras in das Becherglas geben.
2. Becherglas mit etwa 1 l Regenwasser (kein gechlortes Leitungswasser) und wenig Tümpelwasser auffüllen.

3. Als Verdunstungsschutz Deckel auflegen.
4. Aufguss bei Zimmertemperatur etwa 1 bis 2 Wochen stehen lassen.
5. Danach aus einem Tropfen der Flüssigkeit ein Frischpräparat herstellen.

Beobachtung/Auswertung
1. Betrachte das Präparat mithilfe des Mikroskops. Was beobachtest du?
2. Wenn du Lebewesen entdeckst, fertige Übersichtsskizzen von ihnen an.
3. Versuche Lebewesen zu finden, die pantoffelähnlich aussehen.
4. Versuche zu erkennen, ob die Lebewesen aus einer Zelle bestehen.

3. Bäckerhefe – ein Lebewesen?

Materialien:
Mikroskop, Becherglas, etwas Bäckerhefe, lauwarmes Wasser, Pipette

Durchführung:
1. Zerkrümmle in das lauwarme Wasser im Becherglas ein etwa erbsengroßes Stück Bäckerhefe.
2. Lass die Aufschlämmung 1 Stunde auf einer Heizung stehen.
3. Entnimm dann mithilfe einer Pipette einen Tropfen und fertige ein Frischpräparat an.

Beobachtung/Auswertung:
1. Betrachte das Präparat mithilfe des Mikroskops. Was beobachtest du?
2. Wenn du ein Lebewesen beobachtest, fertige eine Skizze an.
3. Zu welcher Gruppe könnten diese Lebewesen gehören? Begründe deine Entscheidung.

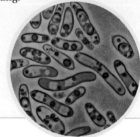

5

Bakterien – Formenvielfalt, Bau und Lebensweise

Vorkommen und Entdeckung

Bakterien kommen fast überall vor: im Wasser, im Boden, in der Luft sowie im Körper von Pflanzen, Tieren und Menschen. In unserem Mund z. B. befinden sich ständig mehr Bakterien, als es Menschen auf der Erde gibt. Nur sehen kann man sie mit bloßem Auge nicht. Erst mithilfe eines Mikroskops werden sie sichtbar.

Viele Bakterien leben dort, wo sie ausreichend Nahrung, genügend Feuchtigkeit und eine günstige Temperatur vorfinden. Es gibt aber auch Bakterien, die an Stellen leben, wo keine anderen Lebewesen mehr existieren können.

1970 wurden z. B. Bakterien in heißen Quellen von + 60 °C bis + 120 °C entdeckt. Andere kommen in hoch konzentrierten Salzlösungen von 120 g bis 300 g Salz pro Liter vor (Das Meerwasser enthält etwa 20 bis 30 g Salz/l). Sie leben in Salzseen, aber auch auf gesalzenem Fleisch. Auch in ausgesprochenen Kälteregionen, z. B. in der Antarktis und auf den höchsten Berggipfeln, leben Bakterien.

Bakterien haben sich vermutlich schon vor etwa 3,5 Milliarden Jahren entwickelt. Sie gehören zu den ältesten Organismen auf der Erde.

Als Erster sah sie **ANTONY VAN LEEUWENHOEK** (Abb. 1) vor etwa 300 Jahren (1683) mithilfe eines selbst gebauten Lichtmikroskops (Abb. 2). Als er sie entdeckte, rief er aus:

„Für mich ist diese Form das größte aller Wunder, die ich in der Natur entdeckt habe! Und ich muß sagen, daß ich noch nie ein so eindrucksvolles Schauspiel gesehen habe, wie das Leben von tausenden von kleinen Kreaturen, die in einem einzigen Wassertropfen leben, die sich alle zusammen bewegen, und von denen jedes einzelne doch seine Bewegung hat.“

LEEUWENHOEK steht am Anfang der Bakteriologie. Inzwischen hat sich daraus ein ganzer Wissenschaftszweig, die **Mikrobiologie,** entwickelt, die unser Leben wesentlich beeinflusst (u. a. Biotechnologie).

3 ▸ Der Tetanus-Erreger ruft eine schwere bakterielle Erkrankung des Nervensystems mit Krämpfen hervor (Tetanus = Wundstarrkrampf)

Aufgaben (?)

5. *Erforsche die Geschichte der Entdeckung der Bakterien.*

1 ▸ ANTONY VAN LEEUWENHOEK (1632–1723)

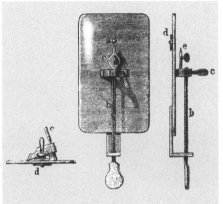
2 ▸ Selbst gebautes Mikroskop von LEEUWENHOEK

Formenvielfalt und Bau

1 ▸
Bakterienformen

stäbchenförmig

spiralförmig

kugelförmig

kommaförmig

Um **Bakterien** zu beobachten, kann man sie auf einem *künstlichen Nährboden*, der sich in einer Petrischale befindet, züchten. Das ist aber nicht einfach. Beimpft man einen solchen Nährboden mit Bakterien, bilden sich nach kurzer Zeit Flecken, die rasch größer werden. Es handelt sich um **Bakterienkolonien**, die bei 2 mm Durchmesser etwa 3 bis 4 Milliarden Bakterien enthalten (Abb. 2).

Bakterien sind also sehr klein (s. Tab.). Die größten Bakterien kann man mit einem Lichtmikroskop bei 1000facher Vergrößerung erkennen. Für die kleinsten Bakterien (0,2 µm) ist ein Elektronenmikroskop erforderlich.

Die **Form** der Bakterien ist unterschiedlich. Sie können kugel-, stäbchen-, komma- bzw. schrauben- oder spiralförmig aussehen (Abb. 1). Manche lagern sich kettenförmig aneinander. Einige besitzen auch *Geißeln*.

Beobachtet man ein einzelnes Bakterium, stellt man fest, dass es nur aus einer **einzigen Zelle** besteht.

Zellen der Pflanzen, der Tiere und des Menschen weisen gemeinsame Merkmale auf. Dazu gehören die *Zellmembran*, das *Zellplasma* und der *Zellkern*.

Pflanzenzellen besitzen zusätzlich eine *Zellwand, Vakuolen* und *Chloroplasten*.

Im Vergleich dazu weist der **Bau der Bakterienzelle** einige Besonderheiten auf (Abb. 3). Eine **Zellwand** ist vorhanden. Sie gibt den Bakterien ihre Gestalt und verleiht ihnen Schutz. Zusätzlichen Schutz bietet bei vielen Bakterien noch eine **Schleimschicht**, die der Zellwand außen aufgelagert ist. Unterhalb der Zellwand befindet sich die **Zellmembran**. Zusammen mit der Zellwand umschließt sie das in der Zelle befindliche **Zellplasma**. Die Zellmembran ermöglicht den Stoffaustausch mit der Umwelt. Sie liegt der Zellwand dicht an.

Bakterien besitzen anstelle des Zellkerns eine **fadenförmige Kernsubstanz**, die die Erbanlagen enthält. Sie haben also **keinen** abgegrenzten Zellkern.

Manche Bakterien besitzen *Chlorophyll* (grüner Farbstoff), das im Zellplasma verteilt ist. Chloroplasten gibt es nicht.

Bakterien (Auswahl)	Länge in µm
Erreger der Diphtherie	0,2
Erreger des Wundstarrkrampfes	2,0 - 10,0
Erreger der Tuberkulose	2,5 - 5,0
Erreger der Lungenentzündung	3,0
Erreger der Cholera	1,5 - 3,0

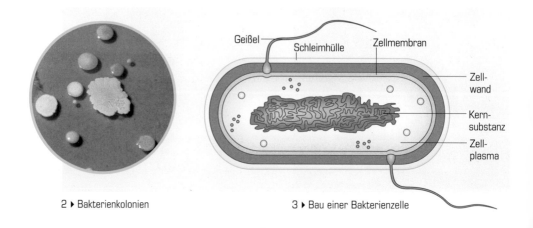

2 ▸ Bakterienkolonien

3 ▸ Bau einer Bakterienzelle

⑤

Lebensweise der Bakterien

Da Bakterien einzellige Lebewesen sind, muss eine Zelle alle Lebensfunktionen ausführen, z. B. die Ernährung, Fortpflanzung und Vermehrung.

Die **Ernährung** ist unterschiedlich. Die meisten Bakterien benötigen *organische Stoffe* (z. B. Zucker, Fette, Alkohol). Sie zersetzen diese Stoffe, nehmen Teile davon auf und bauen ihre eigenen organischen Körperstoffe auf. Sie leben **heterotroph.**

Einige Bakterien, u. a. solche, die Chlorophyll besitzen, ernähren sich von *anorganischen Stoffen.* Sie sind **autotroph**.

Eine Besonderheit besteht darin, dass Bakterien in kurzer Zeit große Mengen organischer Stoffe in anorganische Stoffe (Wasser, Kohlenstoffdioxid, Mineralstoffe) umsetzen können.

Die **Fortpflanzung** und **Vermehrung** der Bakterien erfolgt **ungeschlechtlich durch Querteilung.** Haben sie die Größe des Ausgangsbakteriums erreicht, teilen sie sich erneut (Abb. 1). Diese Form wird **Spaltung** genannt.

Bei günstigen Lebensbedingungen (u. a. genügend Nahrung, Feuchtigkeit und Temperatur von + 10 °C bis + 30 °C) kann sich ein Bakterium alle 20 Minuten teilen. So können in einem Milliliter Milch nach 24 Stunden bereits 5 Millionen Bakterien vorhanden sein. Dadurch unterscheiden sie sich von vielen anderen Organismen.

Nach der Zellteilung können die Bakterien miteinander verbunden bleiben und können so Zellhaufen, einfache und verzweigte Zellketten bilden. Diese **Bakterienkolonien** haben je nach Bakterium typische Formen und Farben.

> **Ⓜ** Bakterien pflanzen sich ungeschlechtlich durch Querteilung der Zelle (Spaltung) fort. So findet auch eine rasche Vermehrung statt.

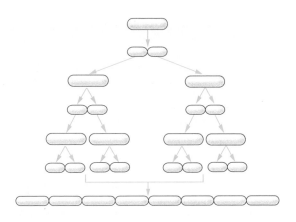

1 ▸ Ungeschlechtliche Fortpflanzung bei Bakterien

Die rasche Vermehrung der Bakterien kann man eindämmen oder verhindern, indem die Lebensbedingungen für sie ungünstig gestaltet werden, z. B. durch Schaffung **niedriger Temperaturen**, durch **Erhitzen** der Nahrungsstoffe auf + 105 °C oder durch **Wasserentzug** (Trocknen und Dörren), **Räuchern** oder **Einsalzen.** Dies wird bei der Lagerung von Nahrungsmitteln und Futterstoffen ausgenutzt (z B. Kühlschränke, Lagerhallen für Trockenfutter bzw. -nahrung, Kühlhallen).

Die Vermehrung der Bakterien wird auch durch **UV-Strahlung** eingeschränkt.

Eine Besonderheit der stäbchenförmigen Bakterien, der Bazillen, besteht darin, dass sie bei für sie ungünstigen Lebensbedingungen **Sporen** bilden können. Diese Sporen sind sehr widerstandsfähig gegen Trockenheit, Kälte und Hitze sowie auch gegen Chemikalien und UV-Strahlen. In dieser Form können **Bakterien** Jahre **überdauern.**

Durch Luftbewegung, an der Haut haftend oder durch Verkehrsmittel können die Sporen weltweit verbreitet werden. Gelangen sie in günstige Lebensbedingungen, bricht die feste „Sporenhülle" auf und aus der Spore entwickelt sich ein neues Bakterium.

Aus einer Bakterienzelle von Escherichia-coli können sich in 10 Stunden mehr als 1 Mio. Bakterien bilden.

Bedeutung der Bakterien

Bakterien sind wichtige Glieder im Kreislauf der Natur, Erreger von Krankheiten bei Pflanze, Tier und Mensch, Helfer bei der Herstellung von Nahrungs- und Futtermitteln, Fäulniserreger bei der Zersetzung von Nahrungs- und Futtermitteln.

Bakterien sind Glieder im Stoffkreislauf der Natur und helfen bei der Abfallbeseitigung.

Abgestorbene Pflanzen und Tiere bzw. Teile von ihnen (z. B. Laubblätter) sowie andere organische Abfälle aller Art werden von Bakterien zu anorganischen Stoffen, zu Kohlenstoffdioxid, Wasser, Mineralstoffen, abgebaut. Ohne die Bakterien würden sich z. B. tote Lebewesen in der Umwelt anhäufen, z. B. Laub im Wald, abgestorbene Lebewesen in Gewässern.

Durch die Tätigkeit der Bodenbakterien werden neben anorganischen Stoffen auch Humusstoffe gebildet. Durch den **Humus** wird die *Bodenfruchtbarkeit* erhöht.

Der Mensch nutzt die Zersetzungsprozesse von organischen Substanzen durch Bakterien bei der **Kompostierung.** Beispielsweise werden im Garten anfallendes Laub und Gras, aber auch Küchenabfälle durch Bakterien und andere Kleinstlebewesen zu Kompost zersetzt.

Die **heterotroph lebenden Bakterien** bewirken also, dass abgestorbene Lebewesen und teilweise auch vom Menschen erzeugte organische Stoffe wieder zu anorganischen Stoffen, z. B. Kohlenstoffdioxid und Wasser, abgebaut werden. Sie sind **Zersetzer (Destruenten).**

Aus diesen anorganischen Stoffen bauen die Pflanzen, die Chloroplasten in ihren Zellen besitzen, wiederum organische Stoffe, z. B. Traubenzucker, auf. Sie sind **Erzeuger (Produzenten).** Auf diese Stoffe sind die Tiere und der Mensch als Nahrung angewiesen. Sie sind **Verbraucher (Konsumenten).**

Zwischen Produzenten, Konsumenten und Destruenten gibt es also enge Beziehungen, die einen Stoffkreislauf bewirken (Abb. 1).

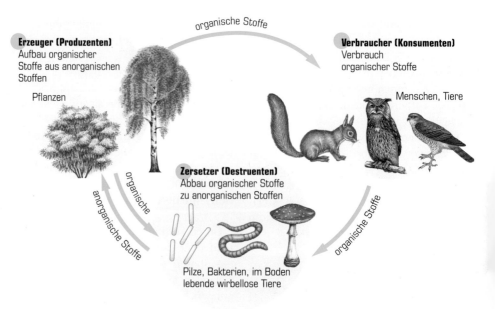

Erzeuger (Produzenten)
Aufbau organischer
Stoffe aus anorganischen
Stoffen

Pflanzen

organische Stoffe

Verbraucher (Konsumenten)
Verbrauch
organischer Stoffe

Menschen, Tiere

Zersetzer (Destruenten)
Abbau organischer Stoffe
zu anorganischen Stoffen

organische
anorganische Stoffe

organische Stoffe

Pilze, Bakterien, im Boden
lebende wirbellose Tiere

1 ▸ Beziehungen zwischen Erzeugern, Verbrauchern und Zersetzern in der Natur

5

Bakterien als Krankheitserreger

Viele Bakterien schaden dem Menschen, den Pflanzen und Tieren, indem sie **ansteckende Krankheiten** hervorrufen (**Infektionskrankheiten**). Dazu gehören beim Menschen z. B. *Pest, Cholera, Keuchhusten, Scharlach, Wundstarrkrampf (Tetanus), Geschlechtskrankheiten* (Syphilis, Tripper) sowie die *Lungenentzündung*.

Bei Rindern, Schafen und Pferden verursachen die Bakterien den *Milzbrand*, bei den Kartoffeln z. B. die *Nassfäule*.

Die krankheitserregenden Bakterien entziehen den lebenden Organismen wichtige organische Stoffe und geben giftige Stoffe (Toxine) ab, die Krankheiten hervorrufen.

Die Übertragung der Krankheitserreger, die **Infektion**, kann auf verschiedenen Wegen erfolgen, sowohl durch direkten Kontakt mit dem erkrankten Lebewesen als auch durch die Atemluft, durch Eindringen von außen in Wunden oder durch Aufnahme mit der Nahrung.

Schutz vor Infektionskrankheiten

Voraussetzung für einen wirkungsvollen Schutz vor Infektionskrankheiten war die **Entdeckung der Bakterien** durch ANTONY VAN LEEUWENHOEK und der *Viren* in der ersten Hälfte des vorigen Jahrhunderts.

Danach haben viele Forscher große Verdienste bei der Aufklärung der Lebensweise der Bakterien und Viren und ihrer Rolle bei der Entstehung von Krankheiten erworben. So konnte z. B. der französische Naturforscher **LOUIS PASTEUR** nachweisen, dass die Bakterien nicht einfach aus dem Nichts oder aus Dreck entstehen können, dass es also keine Urzeugung gibt. Er fand, dass Bakterien Erreger von Krankheiten sind und

1 ▸ LOUIS PASTEUR

dass viele Bakterien durch Erhitzen abgetötet werden. Das *Keimfreimachen durch Erhitzen* heißt heute noch nach seinem Entdecker „**pasteurisieren**".

ROBERT KOCH verdanken wir die Aufklärung schlimmer Infektionskrankheiten. Im Jahr 1882 machte er in kleinem Kreis die Mitteilung, dass er den **Erreger der Tuberkulose** entdeckt habe. Damit war das Rätsel einer der vielen Volksseuchen gelöst, die vor allem die arme Bevölkerung dahinraffte. Seitdem kann man die Seuche erfolgreich bekämpfen. Vorher schon hatte der am 11. 12. 1843 in Clausthal geborene Forscher den **Erreger des Milzbrandes**, einer Rinderseuche, entdeckt. Er bewies damit erstmalig das Entstehen einer Infektionskrankheit. 1884 entdeckte er den **Cholera-Erreger**. 1905 erhielt er den **Nobelpreis für Medizin und Physiologie**.

2 ▸
ROBERT KOCH

Um sich vor **Infektionskrankheiten zu schützen**, ist eine *gesunde Lebensführung* (u. a. Abhärtung, Bewegung, gesunde Ernährung) wichtig. Dadurch werden die Abwehrkräfte des Körpers gestärkt. Unerlässlich sind auch größte Sauberkeit und *spezifische Hygienemaßnahmen*.

Gegen manche Krankheiten gewährt eine **Impfung** ein Leben lang bzw. mehrere Jahre Schutz. Personen, die an leicht ansteckbaren Infektionen erkrankt sind, müssen häufig sogar in Krankenhäusern isoliert untergebracht werden (Isolierstation), um eine weitere Ansteckung von Mitmenschen zu vermeiden.

Aufgaben (?)

6. *Beschreibe die Bedeutung der Bakterien im Haushalt der Natur.*

7. *Informiere dich über eine Infektionskrankheit und mögliche Schutzmaßnahmen zur Infektionsvermeidung.*

Den Zeitraum, der zwischen der Infektion und dem Ausbruch der Krankheit liegt, bezeichnet man als Inkubationszeit. Sie ist für verschiedene Krankheiten unterschiedlich lang.

Weitere Erreger für Krankheiten sind Viren und Pilze.

gewusst · gekonnt

1. Die Zelle ist der Grundbaustein aller Lebewesen. Nun gibt es aber auch Lebewesen, die nur aus einer Zelle bestehen.
   Überlege, welche Gemeinsamkeiten und Unterschiede es zwischen einer Zelle und Lebewesen gibt, die nur aus einer Zelle bestehen.

2. Erläutere Gemeinsamkeiten und Unterschiede zwischen einzelligen Grünalgen und tierischen Einzellern.

3. Chlorella ist eine einzellige Alge. Erläutere ihren Bau und ihre Lebensweise.

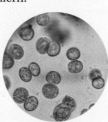

4. Zu den einzelligen Algen gehört auch die Hüllengeißelalge.

   Informiere dich über Bau und Lebensweise dieser Alge und vergleiche sie mit der Alge Chlorella.
   Nutze dazu Nachschlagewerke und das Internet.

5. Das Pantoffeltierchen kommt nur in Gewässern vor, in denen sich organische Stoffe befinden.
   Versuche dafür eine Erklärung zu finden.

6. Beschreibe den Zusammenhang von Bau und Funktion am Beispiel der Fortbewegung und der Ernährung der Amöbe.

7. Beschreibe den Bau eines Pantoffeltierchens.
   Gehe dabei auch darauf ein, welche Bestandteile des Pantoffeltierchens
   - der Fortbewegung,
   - der Verdauung der Nahrung,
   - der Regulierung des Wassergehaltes im Zellplasma dienen.

8. Vergleiche Pantoffeltierchen und Amöbe miteinander.

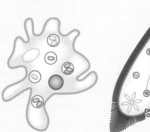

9. Beschreibe an Beispielen die Fortpflanzung der Einzeller.

10. Nenne Beispiele für die Bedeutung, die Einzeller im Haushalt der Natur und für den Menschen besitzen.
    Nutze dazu auch Nachschlagewerke oder das Internet.

11. Wie kann man vorgehen, um einzellige Lebewesen zu beobachten?

12. Ordne die folgenden Lebewesen der autotrophen oder heterotrophen Ernährungsweise zu:
    Amöbe, Hüllengeißelalge, Chlorella, Pantoffeltierchen, Kugel-Grünalge.
    Begründe deine Zuordnung.

13. Erläutere den Bau, die Fortpflanzung und die Vermehrung der Bakterienzelle.

14. Vergleiche den Bau der Bakterienzelle mit dem Bau einer pflanzlichen Zelle.
    Fertige eine Übersicht dazu an.

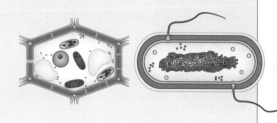

gewusst · gekonnt

15. Fertige eine einfache Skizze an, aus der die Beziehungen der grünen Pflanzen, der Tiere und der Bakterien im Haushalt der Natur hervorgehen.
Welche Bedeutung haben Bakterien im Naturhaushalt?

16. Nenne Krankheiten, die durch Bakterien verursacht werden. Wie äußern sich diese Krankheiten? Was kann man dagegen tun? Fertige eine Übersicht an.

Krankheit	Symptome	Gegenmaßnahmen

17. Auch bei der Abwasserreinigung spielen Bakterien eine wichtige Rolle.
Informiere dich in Nachschlagewerken bzw. im Internet darüber, welche Bedeutung Bakterien bei der Abwasserreinigung haben.

18. Erläutere die Lebensweise der Bakterien. Welche Lebensbedingungen sind von besonderer Bedeutung?

19. Nenne und begründe Maßnahmen, welche die Vermehrung von Bakterien hemmen und dadurch das rasche Verderben von Nahrungs- und Futtermitteln verhindern.

20. Stelle aus keimfreier Milch Jogurt her.
- Versetze einen halben Liter Milch mit 1 oder 2 Teelöffeln Jogurt.

(Achte darauf, dass auf der Jogurtpackung der Vermerk steht: „Mit lebenden Jogurtkulturen hergestellt".)
- Stelle die Milch abgedeckt an einen warmen Ort (ca. + 30 °C bis + 35 °C).
- Prüfe nach 15 Stunden. Welche Veränderungen sind erfolgt? Erkläre sie.

21. Begründe, warum Wein in einer offenen Flasche nach kurzer Zeit „sauer" wird.

22. Bereite einen Vortrag über das Leben und die Verdienste von ROBERT KOCH vor.
Nutze dafür entsprechende Literatur.

23. Bakterien sind wichtige Glieder im Stoffkreislauf der Natur.
- a) Stelle eine Nahrungskette auf, in der Bakterien einbezogen sind.
- b) Begründe die Stellung der Bakterien in der von dir aufgestellten Nahrungskette.

24. Bakterien spielen auch bei der Herstellung von Nahrungs-, Futter- und Arzneimitteln eine wichtige Rolle. Informiere dich im Internet über diese Anwendungsgebiete und bringe je ein Beispiel.

25. Infektionskrankheiten sind auch in Europa wieder im Anwachsen.
Nenne einige Ursachen dafür.

26. Pestsäulen erinnern an Seuchen, die noch weit über das Mittelalter hinaus in Europa „wüteten".
Was versteht man unter dem Begriff Seuche? Welche Ursachen hatte das massenhafte Auftreten von Infektionskrankheiten im Mittelalter?

Das Wichtigste auf einen Blick

Bau einzelliger Lebewesen

Unter den Grünalgen und unter den Tieren gibt es Lebewesen, die nur aus **einer Zelle** bestehen.

Einzellige Organismen weisen **alle Merkmale von Lebewesen** auf (z. B. Bewegung, Ernährung).

Einzellige Grünalgen

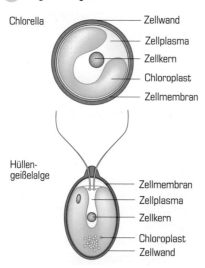

Chlorella
- Zellwand
- Zellplasma
- Zellkern
- Chloroplast
- Zellmembran

Hüllen-geißelalge
- Zellmembran
- Zellplasma
- Zellkern
- Chloroplast
- Zellwand

Einzellige Tiere

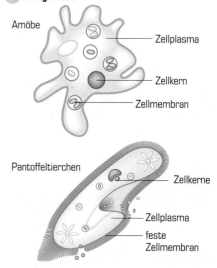

Amöbe
- Zellplasma
- Zellkern
- Zellmembran

Pantoffeltierchen
- Zellkerne
- Zellplasma
- feste Zellmembran

Ernährung einzelliger Lebewesen

Autotrophe Ernährung bei einzelligen Grünalgen

Aufnahme anorganischer Stoffe:
- Kohlenstoffdioxid
- Wasser
- Mineralsalze

Heterotrophe Ernährung bei einzelligen Tieren

Aufnahme organischer Stoffe:
- Kohlenhydrate
- Fette
- Eiweiße

Lebensraum

Einzellige Lebewesen bevorzugen meist eine feuchte Umgebung. Viele leben in Gewässern. Unter ihnen gibt es auch Parasiten, z. B. Erreger der Amöben-Ruhr.

Bedeutung einzelliger Grünalgen

Die Grünalge Chlorella ernährt sich **autotroh**. Das bedeutet, dass sie aus **anorganischen** Stoffen **organische** Stoffe, z. B. **Traubenzucker**, bildet. Dieser Stoff ist Grundlage für die Bildung weiterer Stoffe und auch Grundlage für die Ernährung der anderen Lebewesen.

Im Prozess der **Fotosynthese** wird außerdem **Sauerstoff** gebildet. Er ist Grundlage für die **Atmung** aller anderen Lebewesen.

Das Wichtigste auf einen Blick

Bau der Bakterien

Die Bakterien sind einzellige Lebewesen, die im Boden, im Wasser, in der Luft, in und an anderen Lebewesen vorkommen. Sie sind eine artenreiche Organismengruppe.

Bakterienzelle

Bakterienformen

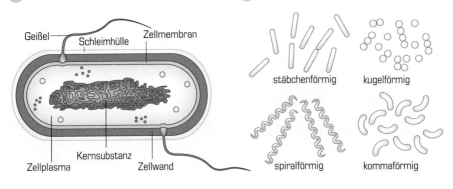

Lebensweise der Bakterien
- Ernährung meist heterotroph, wenige auch autotroph

- Fortpflanzung und Vermehrung ungeschlechtlich
- Bildung von Kolonien

Fortpflanzung und Vermehrung ungeschlechtlich durch Querteilung (Spaltung)

Bildung von Kolonien

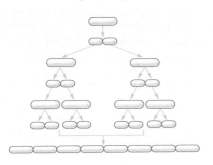

Bedeutung der Bakterien (Auswahl)
- als Zersetzer (Destruenten) im Stoffkreislauf der Natur (z. B. Humusbildung)

- für die Herstellung von Lebensmitteln, u. a Molkereiprodukte, Weinessig
- als Erreger von Krankheiten

Schutz vor Infektionskrankheiten
- u. a. durch persönliche Maßnahmen wie gesunde Lebensführung, Hygiene

- vorbeugende Maßnahmen wie Schutzimpfungen (Impfkalender)

6

Systematisierung
von Organismengruppen

6

Wirbellose und Wirbeltiere im Vergleich

Artenzahl auf der Erde noch immer unbekannt ▸▸ Die Bestandsaufnahme der Tiere und Pflanzen auf unserem Planeten ist bis heute nicht abgeschlossen. Man nimmt an, dass es auf der Erde derzeit bis zu 20 Millionen Arten gibt.

Vielfalt der Tiere ▸▸ Neben den vielen unterschiedlichen Merkmalen von Tieren, z. B. Gestalt, Größe, Gliedmaßen, Fortbewegung, gibt es viele übereinstimmende Merkmale. Durch diese ist es möglich, Tiere in bestimmte Gruppen zu ordnen, z. B. in Wirbeltiere und wirbellose Tiere.

Angepasst an die sonderbarsten Lebensräume ▸▸ Sowohl Wirbellose als auch Wirbeltiere sind durch ihren Bau an ihren Lebensraum optimal angepasst. So können einige Tiere auch unter den Bedingungen in der Tiefsee, in heißen Quellen oder im Polareis überleben.

Methoden

Präsentieren von Informationen

Ergebnisse deiner Arbeit zu einem Thema oder Ergebnisse, die ihr in einer Gruppe erarbeitet habt, sollen allen Mitschülern vorgestellt werden. Das kann z. B. durch einen Vortrag, eine Wandzeitung oder eine Internetseite geschehen.

Vorbereiten und Halten eines Vortrags

Wenn du einen Vortrag halten oder als Teamsprecher die Ergebnisse der Gruppenarbeit vortragen sollst, sind folgende Tipps hilfreich.

Schritt ①

Vorbereiten eines Vortrags
- Überlege dir, was alles zum Thema gehört. Nutze dazu verschiedene Informationsquellen (s. unten).
- Gliedere den Vortrag in Abschnitte.
- Schreibe dir Schwerpunkte in Kurzform (in Stichwörtern) auf.
- Überlege dir, was du an die Tafel oder auf Folien schreibst.
- Bereite Versuchsaufbauten vor und stelle Geräte bereit.

Schritt ②

Halten eines Vortrags
- Nenne und zeige die Gliederung (Tafel, Folie).
- Wecke am Anfang des Vortrags Interesse und Neugier und nenne das Thema. (Beginne beispielsweise mit „Wusstet ihr überhaupt, dass …?" oder „Hättet ihr gedacht, dass …?")

- Leite neue Absätze deutlich ein, z. B. mit „Ein weiterer Punkt ist …" oder „Als Nächstes …".
- Sprich in kurzen Sätzen.
- Verwende nur Fachbegriffe, die du auch selbst erklären kannst.
- Bemühe dich, laut, langsam und deutlich zu sprechen. Schaue deine Zuhörer an.
- Achte auf die Zeit. Schließe den Vortrag mit einer kurzen Zusammenfassung ab.

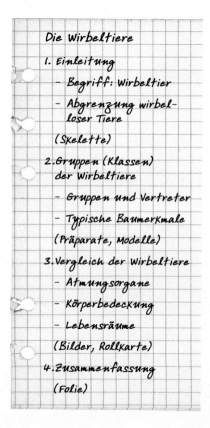

Informationsquellen

elektronische Medien	Literatur	Schulbücher	Internet
Film	Lexika	Lehrbücher	Suchmaschinen
Fernsehen	Sachbücher	Tabellenwerke	Direktsuche, z. B.
CD-ROMs	Zeitschriften	Schülerlexika	www.schuelerlexikon.de

Anfertigen eines Posters

Wandzeitungen oder Poster fallen auf. Sie sind geeignet, um sachliche Informationen, Versuchsergebnisse oder den Verlauf und die Ergebnisse eines Projekts darzustellen. Meist wählt man dafür den Fachraum oder den Schulflur. Damit man sofort erkennt, worum es geht, hier ein paar Tipps:

- Jedes Poster hat eine Überschrift. Sie soll sofort über den Inhalt informieren und Neugier beim Betrachter wecken.

- Verwende viele Abbildungen, einfache grafische Darstellungen und Skizzen, aber nur so viel Text wie nötig.
- Ordne die Inhalte übersichtlich an.
- Kennzeichne, was inhaltlich zusammengehört, mit gleichen Schriftarten, Farben und Formen.
  Achte jedoch darauf, dass das Poster nicht überladen wirkt.
- Nenne deine verwendeten Informationsquellen.
- Teste die Lesbarkeit aus einer größeren Entfernung.

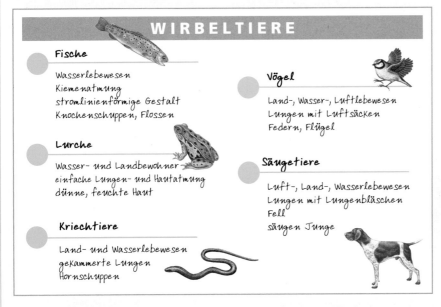

WIRBELTIERE

Fische
Wasserlebewesen
Kiemenatmung
stromlinienförmige Gestalt
Knochenschuppen, Flossen

Lurche
Wasser- und Landbewohner
einfache Lungen- und Hautatmung
dünne, feuchte Haut

Kriechtiere
Land- und Wasserlebewesen
gekammerte Lungen
Hornschuppen

Vögel
Land-, Wasser-, Luftlebewesen
Lungen mit Luftsäcken
Federn, Flügel

Säugetiere
Luft-, Land-, Wasserlebewesen
Lungen mit Lungenbläschen
Fell
säugen Junge

Bewertung der Präsentation

Während du deine Präsentation vorträgst, wird diese von den Mitschülern bewertet. Sie entscheiden für sich, was ihnen an der Präsentation gefällt und was ihnen nicht so gefällt. Damit die Bewertung keine „Bauchentscheidung" wird, sollten sich die Zuhörer während der Präsentation Notizen machen. Damit jede Präsentation nach den gleichen Maßstäben bewertet werden kann, müssen vorher **Kriterien** festgelegt werden.

Solche Kriterien können z. B. sein:
- War die Präsentation klar gegliedert?

- War die Präsentation fachlich richtig bzw. verständlich?
- Wurde klar und deutlich gesprochen?
- Waren Auftreten und Verhalten des Vortragenden angemessen?
- Wurden die Medien gut eingesetzt?
- Wurde die Zeitbegrenzung eingehalten?
- Wurde das Ziel der Präsentation erreicht?

Diese Kriterien kann man zur Bewertung von Präsentationen der Mitschüler (*Fremdbewertung*) oder seiner eigenen Präsentation (*Selbstbewertung*) verwenden. Wie bei allen Dingen macht auch hier die Übung den Meister.

Skelette von Tieren

In der Systematik (Fachgebiet in der Biologie) werden die Lebewesen aufgrund von gemeinsamen Merkmalen (z. B. Vorhandensein einer Wirbelsäule) in bestimmte Gruppen eingeteilt.

Die Einteilung des Tierreichs in **Wirbeltiere** und **Wirbellose** (wirbellose Tiere) geht auf Jean Baptiste de Lamarck zurück. Er teilte die Tiere nach dem Vorhandensein oder Fehlen einer Wirbelsäule in diese beiden Gruppen. Aufgrund der Vielzahl der wirbellosen Tiere untergliederte er diese in unterschiedliche Stämme.

Wirbellosen Tieren fehlen ein **knöchernes Innenskelett** und eine **Wirbelsäule.**

Zu den unterschiedlichen Stämmen gehören beispielsweise Einzeller, Plattwürmer, Weichtiere, Ringelwürmer und Gliederfüßer. Zum Stamm der **Gliederfüßer** gehören u. a. die Spinnentiere, Krebstiere und Insekten.

2 ▸ Honigbiene

Der Körper der *Honigbiene* (ein Insekt) ist fest und trocken. Ihr Körper ist von einer stabilen Hülle, die aus **Chitin** besteht, bedeckt. Vergleicht man den äußeren Bau der Honigbiene mit dem anderer Gliederfüßer (z. B. Spinnentiere, Insekten und Krebstiere) stellt man Gemeinsamkeiten fest. Sie alle besitzen ein **Außenskelett aus Chitin.** Es schützt den Körper vor Austrocknung und gibt ihm Halt und Festigkeit.

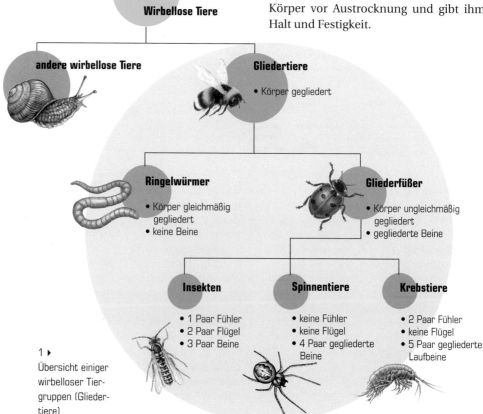

Wirbellose Tiere

andere wirbellose Tiere

Gliedertiere
• Körper gegliedert

Ringelwürmer
• Körper gleichmäßig gegliedert
• keine Beine

Gliederfüßer
• Körper ungleichmäßig gegliedert
• gegliederte Beine

Insekten
• 1 Paar Fühler
• 2 Paar Flügel
• 3 Paar Beine

Spinnentiere
• keine Fühler
• keine Flügel
• 4 Paar gegliederte Beine

Krebstiere
• 2 Paar Fühler
• keine Flügel
• 5 Paar gegliederte Laufbeine

1 ▸
Übersicht einiger wirbelloser Tiergruppen (Gliedertiere)

6

Vergleicht man **Wirbeltiere** wie *Stichling, Gelbbauchunke, Zauneidechse, Meise* und *Katze* miteinander, kann man bei allen Tieren feststellen, dass ihr Körper in bestimmte Abschnitte gegliedert ist. Das sind **Kopf, Rumpf, Schwanz** und **Gliedmaßen.**

Bei Fischen sind die Gliedmaßen Flossen, bei den anderen Tieren Beine. Bei Vögeln sind die Vordergliedmaßen zu Flügeln umgewandelt.

Im Inneren der genannten Tiere befindet sich ein **Skelett** aus Knochen. Es ist – entsprechend der Körpergliederung – in Abschnitte gegliedert. Diese Tiere besitzen alle einen **Schädel,** eine **Wirbelsäule mit Rippen** und eine Schwanzwirbelsäule. Letztere ist nicht bei allen Wirbeltieren vorhanden.

Fische besitzen Flossenstrahlen, die übrigen Tiere haben noch einen Schulter- und Beckengürtel sowie ein Brustbein (Vögel und Säuger; s. Übersicht).

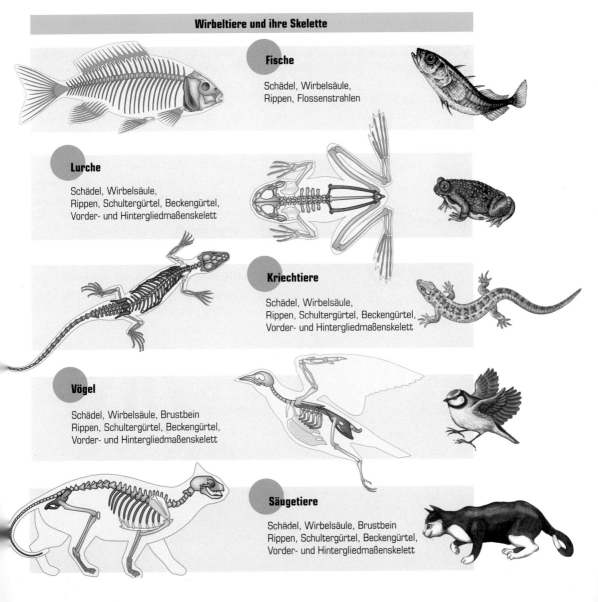

Wirbeltiere und ihre Skelette

Fische
Schädel, Wirbelsäule,
Rippen, Flossenstrahlen

Lurche
Schädel, Wirbelsäule,
Rippen, Schultergürtel, Beckengürtel,
Vorder- und Hintergliedmaßenskelett

Kriechtiere
Schädel, Wirbelsäule,
Rippen, Schultergürtel, Beckengürtel,
Vorder- und Hintergliedmaßenskelett

Vögel
Schädel, Wirbelsäule, Brustbein
Rippen, Schultergürtel, Beckengürtel,
Vorder- und Hintergliedmaßenskelett

Säugetiere
Schädel, Wirbelsäule, Brustbein
Rippen, Schultergürtel, Beckengürtel,
Vorder- und Hintergliedmaßenskelett

Atmung in Abhängigkeit vom Lebensraum

Die Atmungsorgane der Tiere sind an ihren jeweiligen Lebensraum angepasst. **Wirbeltiere** besiedeln fast alle Lebensräume. **Fische** leben im **Wasser** und atmen durch **Kiemen.** Durch den Bau der Kiemen (sehr viele und zarte Kiemenblättchen) wird eine große Oberfläche für den **Gasaustausch** geschaffen. So kann genügend im Wasser gelöster Sauerstoff aufgenommen werden und mithilfe des Blutes in alle Teile des Fisches transportiert werden. Gleichzeitig wird Kohlenstoffdioxid aus dem Blut über die Kiemenblättchen in das Wasser abgegeben.

Alle Land lebenden Wirbeltiere atmen durch **Lungen.** Der Bau und die Leistungsfähigkeit unterscheidet sich dabei sehr stark.

Lurche besitzen einfach gekammerte sackförmige Lungen. Die geringe Leistungsfähigkeit der Lungenatmung wird durch zusätzliche **Hautatmung** ergänzt. Dafür ist aber eine dünne, nackte, feuchte Haut Voraussetzung. Um ein Austrocknen zu verhindern, sind die Lurche an ein Leben in feuchter Umgebung gebunden.

Die Fortpflanzung und Larvenentwicklung der Froschlurche vollzieht sich im Wasser. Die damit im Zusammenhang stehende Metamorphose umfasst auch eine Veränderung der Atmungsorgane – aus den büschelartigen Außenkiemen entwickeln sich zunächst innere Kiemen und später die Lungen.

Die Leistungsfähigkeit der Lunge nimmt innerhalb der Wirbeltiergruppen zu. Das liegt u.a. daran, dass die Lunge immer stärker gekammert ist und sich dadurch die **innere Oberfläche vergrößert.** Der Austausch der Atemgase wird dadurch erheblich verbessert. Bei Vögeln existieren zusätzlich Luftsäcke.

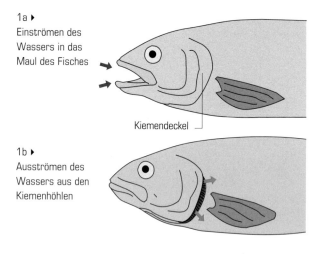

1a ▸
Einströmen des Wassers in das Maul des Fisches

Kiemendeckel

1b ▸
Ausströmen des Wassers aus den Kiemenhöhlen

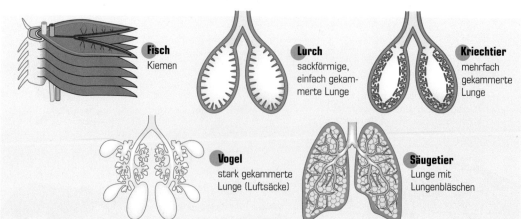

Fisch
Kiemen

Lurch
sackförmige, einfach gekammerte Lunge

Kriechtier
mehrfach gekammerte Lunge

Vogel
stark gekammerte Lunge (Luftsäcke)

Säugetier
Lunge mit Lungenbläschen

2 ▸ Atmungsorgane der Wirbeltiere

Auch bei **wirbellosen Tieren** ist die Atmung abhängig vom Lebensraum.

Insekten beispielsweise besitzen Atmungsorgane, die eine Angepasstheit an das **Landleben** darstellen. Sie atmen über **Tracheen,** die sich im Inneren des Körpers befinden. Dadurch kann die feuchte dünne Oberfläche nicht austrocknen.

Tracheen sind fein verzweigte Atemröhren, die sich durch den ganzen Körper eines Insekts ziehen und durch ihre Verästelungen fast jede einzelne Zelle erreichen. So kann der Gasaustausch direkt zwischen den Tracheen und den Zellen stattfinden. An der Körperoberfläche befinden sich beidseitig Atemöffnungen.

Durch eine Pumpbewegung pressen die Insekten sauerstoffreiche Luft in die Tracheen und sauerstoffarme nach außen.

Wirbellose Tiere leben z. T. im **Wasser.** Dazu gehören u. a. Krebstiere, Schnecken und Muscheln. Diese Tiere können den im Wasser gelösten Sauerstoff über **Innen- oder Außenkiemen** aufnehmen. Die Haut dieser Kiemen ist sehr dünn. Das erleichtert den Gasaustausch bzw. macht ihn erst möglich.

Manche Wassertiere (z. B. *Süßwasserpolyp, Planarie*) besitzen aber weder Außen- noch Innenkiemen. Sie atmen über die **gesamte Körperoberfläche,** d. h. durch die **Haut.** Dazu muss die Haut dünn und feucht sein.

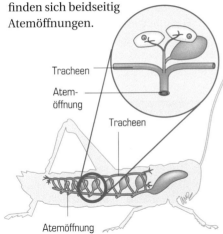

1 ▸ Tracheen mit Atemöffnung

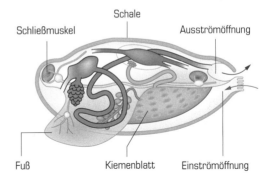

3 ▸ Innerer Bau der Miesmuschel (schematisch)

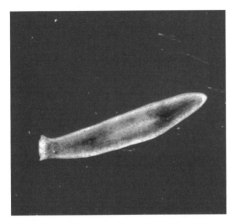

2 ▸ Süßwasserplanarie atmet durch die Haut

4 ▸ Sternschnecke mit äußeren Kiemen

Fortpflanzung

Wirbellose und Wirbeltiere pflanzen sich, wie alle Lebewesen, fort und erzeugen artgleiche Nachkommen.

Man unterscheidet zwei verschiedene Formen der **Fortpflanzung:** die **ungeschlechtliche** und die **geschlechtliche.**

Bei der **geschlechtlichen Fortpflanzung** werden von den männlichen Tieren Samenzellen und von den weiblichen Tieren Eizellen gebildet. Bei der Paarung kann es zur Verschmelzung von Ei- und Samenzelle kommen. Das Ei wird befruchtet und ein neues Lebewesen entwickelt sich.

Bei wasserlebenden Tieren erfolgt die Befruchtung meist außerhalb des Körpers, man nennt sie deshalb **äußere Befruchtung.** Bei

Fischen und bei Lurchen ist das der Fall. Auch wenn z.B. der *Grasfrosch* überwiegend an Land lebt, erfolgt die Befruchtung der Eizellen im Wasser (Abb. 2).

Mit dem **Übergang zum Landleben** wurde eine **innere Befruchtung** notwendig, da die Samenzellen nur im wässrigen Milieu zur Eizelle schwimmen können.

Zu den Tieren, die sich geschlechtlich fortpflanzen, gehören alle Wirbeltiere und viele Wirbellose. Bei den wirbellosen Tieren sind es u. a. die Gliedertiere.

Eine besondere Form der geschlechtlichen Fortpflanzung bilden die **Zwitter.** Normalerweise besitzen weibliche Tiere **nur** weibliche Geschlechtsorgane und bilden Eizellen aus.

1 ▸
Befruchtung
der Eizelle

2 ▸
Entwicklung des
Grasfrosches –
Metamorphose

erwachsener Frosch   Laichklumpen   Kaulquappe   junger Frosch

3 ▸ Paarung von Weinbergschnecken

Männliche Tiere besitzen **nur** männliche Geschlechtsorgane und bilden Samenzellen aus.

Man sagt dazu auch, diese Lebewesen sind **getrenntgeschlechtlich.**

Bei zwittrigen Lebewesen, z. B. *Regenwurm* und *Weinbergschnecke,* besitzt jedes Individuum ein männliches und ein weibliches Fortpflanzungsorgan. Die meisten zwittrigen Organismen müssen sich paaren, indem sie wechselseitig Samenzellen austauschen (Abb. 3, S. 150).

Die **ungeschlechtliche Fortpflanzung** tritt bei einzelligen Lebewesen sowie bei den wirbellosen Tieren auf. Und zwar bei solchen **wirbellosen Tieren,** die sehr einfach gebaut sind.

Der *Süßwasserpolyp* ist z. B. solch ein einfach gebautes Tier. Sein Körper besteht aus drei Schichten, die einen Hohlraum mit Magenfunktion umschließen. Deshalb nennt man diese Tiere **Hohltiere.**

Der *Süßwasserpolyp* pflanzt sich fort, indem sich an dem Mutterpolypen zunächst eine beulenartige Wölbung bildet. Nach kurzer Zeit wächst diese zu einem kleinen Tochterpolypen heran. Diese Form der ungeschlechtlichen Fortpflanzung nennt man **Knospung** (Abb. 1).

Die ungeschlechtliche Fortpflanzung ist von Vorteil für Lebewesen, denn sie ist ohne Geschlechtspartner möglich und führt zur raschen Vermehrung.

> Fortpflanzung dient der Erzeugung artgleicher Nachkommen, Man unterscheidet geschlechtliche und ungeschlechtliche Fortpflanzung. Ⓜ

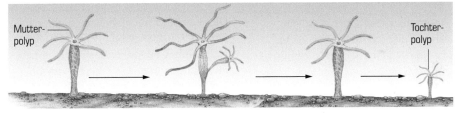

Mutterpolyp

Tochterpolyp

1 ▶ Ungeschlechtliche Fortpflanzung des Süßwasserpolypen (Knospung)

2 ▶ Korallen vermehren sich durch Knospung.

gewusst · gekonnt

1. Stelle in einer Tabelle Karpfen, Feldhamster, und Honigbiene hinsichtlich Körpergliederung, Skelett, Fortbewegungsorgane, Körperbedeckung und Atmungsorgane gegenüber.

	Karpfen	Feld-hamster	Honig-biene
Körper-gliederung			
Skelett			
...			

2. Formuliere eine Aussage zur grundsätzlichen Unterscheidung von Wirbellosen und Wirbeltieren.

3. Entwirf eine Übersicht der behandelten Pflanzengruppen und Pflanzenfamilien.

4. Erstelle einen Steckbrief zu einem Lebewesen, verrate den Namen aber nicht. Lass das Lebewesen von deinen Mitschülern erraten.

5. a) Ordne folgende Organismen in die Übersicht ein:
   Fische, Insekten, Wirbeltiere, Gliederfüßer, Quallen, Wirbellose, Hohltiere, Kriechtiere, Krebstiere, Säugetiere, Polypen, Vögel.
   b) Nenne für die Endglieder des Systems je einen Vertreter.

6. Schreibe dir Fragen auf, die man klären muss, um eine Lebewesen eindeutig in das System der Lebewesen einordnen zu können.
   (Tipp: Wovon ernährt es sich? Wie bewegt es sich?)

7. Entscheide, auf welche Gruppe der Lebewesen die folgenden Steckbriefe zutreffen könnten.
   Begründe deine Entscheidung.
   a) Diese Lebewesen leben meist unterirdisch. Sie ernähren sich von organischen Stoffen. Für ihre Fortpflanzung nutzen sie Sporen.
   b) Diese Lebewesen betreiben Fotosynthese. Sie stehen oft sehr dicht beieinander und sichern so ihren Wasserbedarf. Auch diese Lebewesen nutzen Sporen für ihre Fortpflanzung.
   c) Diese Lebewesen haben eine dünne, feuchte Haut. Sie leben im oder in der Nähe eines Gewässers. Deshalb sind sie gute Schwimmer, was man z. B. an vielen Körpermerkmalen (z. B. Schwimmhäute) erkennen kann.

8. Der Regenwurm gehört zu den wirbellosen Tieren.
   Fertige mithilfe der Erschließungsfelder „Struktur und Funktion", „Angepasstheit", „Fortpflanzung" und „Information" einen Steckbrief für ihn an.

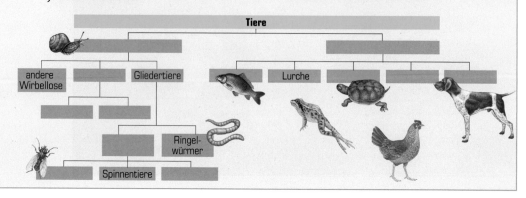

9. Ordne den folgenden Aussagen das entsprechende Erschließungsfeld zu:

   a) Vorhandensein von Gemeinsamkeiten und Unterschieden in den Merkmalen der Lebewesen.

   b) Erzeugung eigenständiger artgleicher Lebewesen.

10. Ergänze die fehlenden Begriffe:
Angepasstheit bedeutet, dass die _____ _____ bestimmte Körpermerkmale besitzen, die ihnen das _____ in bestimmten _____ ermöglichen.

11. Setze die Wortgruppen in der richtigen Reihenfolge zusammen.
Sie ergeben den Inhalt zwei weiterer Erschließungsfelder. Nenne das jeweilige Erschließungsfeld.

   a) bestimmte Funktionen, aufgrund ihres Baus, Organe der Lebewesen, erfüllen.

   b) von Signalen, Übertragung, beeinflusst, von Tieren, die das Verhalten.

12. **a)** Lies den folgenden Text (Überfliegendes Lesen)

Die Frösche

Frösche haben einen gedrungenen, schwanzlosen Körper, kurze Vorderbeine und lange, kräftige Hinterbeine. Mithilfe der hinteren Sprungbeine können sich die Frösche an Land sehr schnell hüpfend und springend fortbewegen. Die Zehen sind durch Schwimmhäute verbunden. Im Wasser sind sie geschickte Schwimmer, indem sie mit den Hinterbeinen kräftige Schwimmstöße ausführen.

Frösche atmen durch einfach gekammerte, sackförmige Lungen. Deren Volumen reicht aus, damit der Frosch bis zu 8 Minuten unter Wasser bleiben kann.

Gleichzeitig können Frösche durch die Haut atmen. Ihre Haut ist dünn, nackt und schleimig. Dadurch ist sie in der Lage, den im Wasser gelösten Sauerstoff aufzunehmen und an das Blut weiterzugeben. Diese Hautatmung ist eine Voraussetzung für das Überwintern von Fröschen auf dem Grund von Gewässern. Frösche sind wechselwarme Tiere, d.h., ihre Körpertemperatur hängt von der Umgebungstemperatur ab. Im Winter fallen sie deshalb in eine Winterstarre.

Im Frühjahr kann man in Gewässernähe das Quaken zahlreicher männlicher Wasserfrösche hören. Schallblasen an den Mundwinkeln erhöhen den Geräuschpegel. Das Quaken lockt paarungsbereite Weibchen an.

Bei der Paarung umklammert das Männchen das größere Weibchen von hinten. Die Eiablage erfolgt im Wasser, es findet eine äußere Befruchtung statt. Über eine Metamorphose entwickeln sich aus den befruchteten Eiern neue Frösche.

   b) Lies den Text unter folgenden Aufgabenstellungen erneut:

    • Ordne den Erschließungsfeldern Angepasstheit, Information, Bau und Funktion sowie Wechselwirkung je eine Aussage aus dem Text zu. Begründe deine Zuordnung.

    • Zu welchem weiteren Erschließungsfeld enthält der Text Aussagen?

    • Vergleiche die abgebildeten Frösche.

    • Entscheide, ob das hier abgebildete Tier ein Frosch ist. Begründe deine Entscheidung.

13. Begründe diese Aussage: Die Vielfalt der Lebewesen ist eine Bedingung für den Erhalt des Lebens auf der Erde.

Das Wichtigste auf einen Blick

Übersicht über behandelte Organismengruppen

Lebewesen

Einzellige Lebewesen

Mehrzellige Lebewesen

Bakterien | Tierische Einzeller | Einzellige Grünalgen

Pilze | Pflanzen | Tiere

Hefepilze | Schimmelpilze | Hutpilze

Moospflanzen | Farnpflanzen | Samenpflanzen

Kreuzblütengewächse | Schmetterlingsblütengewächse | Lippenblütengewächse

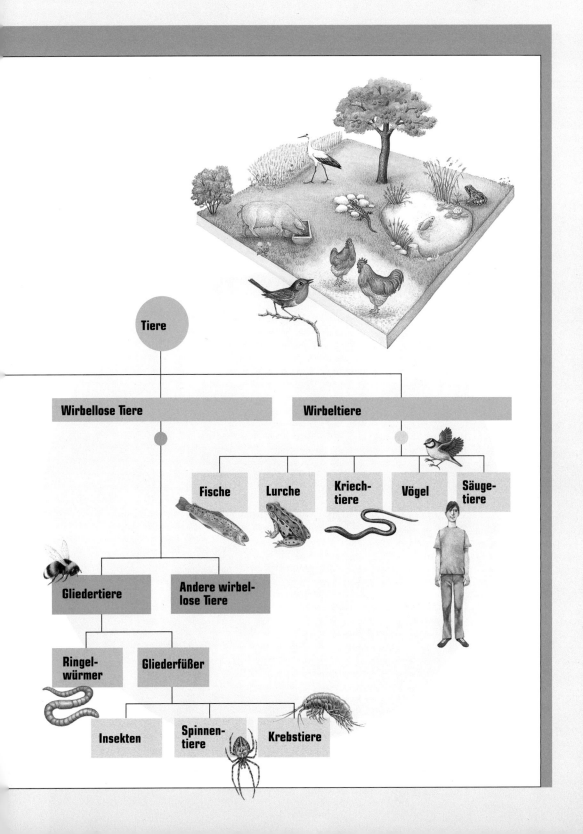

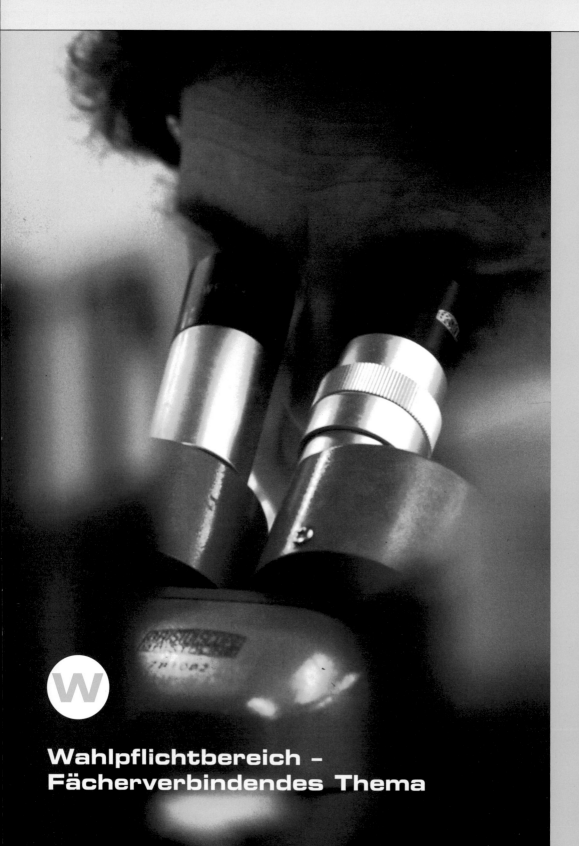

**Wahlpflichtbereich –
Fächerverbindendes Thema**

Hinweise für die Arbeit

Bei der Bearbeitung eines Themas in Form eines Projektes geht es darum, dass ihr ein Thema weitgehend selbstständig bearbeitet. Konkret heißt das:
- Ideen zum Thema zu entwickeln,
- Aufgaben zu stellen, die in Gruppen möglichst selbstständig bearbeitet werden können,
- das Thema von unterschiedlichen Seiten zu betrachten.

Damit das Projekt auch ein Erfolg wird, geht man am besten schrittweise vor.

Schritt **①**

Ideenmarkt

Alles was zum Thema passt, wird „auf den Tisch gepackt". Aus der Fülle der Ideen werden die bearbeitbaren Themenbereiche ausgewählt und der jeweiligen Gruppe zugeteilt.

Schritt **②**

Arbeitsplan

Jede Gruppe stellt für sich einen Arbeitsplan auf. Dieser Arbeitsplan sollte folgende Punkte unbedingt enthalten:
- Welche Fragen sollen in der Gruppe zum ausgewählten Themenbereich beantwortet werden?
- Welche Materialien/Medien sollen genutzt werden?
- Welche Methoden sollen bei der Informationsbeschaffung angewendet werden?

- Welche Experimente möchte die Gruppe durchführen?
- Wer ist für welchen Bereich bzw. für welche Frage zuständig?
- Welcher zeitliche Rahmen steht zur Verfügung?
- Wie sollen die Ergebnisse dargestellt werden?

Schritt **③**

Arbeit am Projekt

Wenn Fragen bei der Arbeit auftreten, kann man sich an den Lehrer wenden.

Schritt **④**

Ergebnispräsentation vor den Mitschülern

Hierbei muss man beachten, dass sich die Mitschüler mit anderen Fragestellungen beschäftigt haben.
Deshalb muss die Darstellung in kurzer und logischer Form erfolgen. Nur so können die anderen Mitschüler die Versuche und Ergebnisse verstehen und die gewonnenen Erkenntnisse nachvollziehen.

Schritt **⑤**

Ergebnispräsentation im Schulhaus

Zum Abschluss des Projekts kann z. B. eine Wandzeitung angefertigt werden. Die anderen Schüler können dann sehen, womit sich die Klasse beschäftigt hat und zu welchen Ergebnissen sie gekommen ist.

Projektstruktur

Projektidee:
z. B. Spinnen

Projektplan:
z. B. Recherchieren, wie und wo Spinnen leben, wie sie sich ernähren und fortpflanzen

Projektdurchführung:
z. B. Erforschen, wo man im Garten Spinnen findet; Beobachten, wie sie ein Netz bauen und Beute fangen

Projektpräsentation:
z. B. Anfertigen einer Anschauungstafel für den Bioraum, Vorträge, PowerPoint-Präsentation

Beobachten und Untersuchen wirbelloser Tiere

Spinnentiere

„Hilfe, eine Spinne!" Diesen Angstruf stoßen viele Leute, groß oder klein, beim Anblick einer Spinne aus. Dann wird diesen kleinen Tierchen mit drastischen Mitteln (Staubsauger, tottrampeln) der Garaus gemacht. Dabei sind nur ganz wenige von ihnen dem Menschen wirklich gefährlich. Und betrachtet man sie in Ruhe und ohne Angst wird man feststellen, dass sie auch interessant aussehen.

Es gibt ungefähr 30 000 Arten von **Spinnentieren** auf der Erde. Sie unterscheiden sich in Größe, Körperbau sowie Aussehen. Man findet Spinnentiere in vielfältigen Lebensräumen und sie besiedeln fast alle Regionen der Erde.

Aufgrund von bestimmten Merkmalen haben die Wissenschaftler auch die **Gruppe der Spinnentiere** – wie die Gruppe der Insekten – in Ordnungen eingeteilt. Bekannte **Spinnentierordnungen** sind z. B. **Skorpione, Echte Spinnen** oder **Webespinnen, Weberknechte** und **Milben.** Viele der Spinnen sind gefährdet.

Skorpion

Lebensraum:	Wüsten, Steppen tropischer und subtropischer Länder
Merkmale:	abgeflachter Körper, am Ende des gegliederten, nach vorne geschlagenen Hinterleibes ein Giftstachel, Nachttier, tagsüber im Versteck, bis 18 cm
Nahrung:	Insekten, Tötung durch Stich mit Giftstachel

Weberknecht

Lebensraum:	Baumstämme, Mauern, Hauswände, unter Steinen, im Moos, in der Wohnung
Merkmale:	lange, zerbrechliche Beine, gegliederter Hinterleib, Körper 1 cm
Nahrung:	kleine Insekten, abgestorbene Tier- und Pflanzenreste

1. Sucht für jede Spinnentierordnung ein Beispiel. Stellt einen Steckbrief auf.

2. Findet möglichst viele Orte, an denen Spinnen leben. Stellt in einer Tabelle Fundort und Aussehen der Spinnen gegenüber.

3. Fotografiert Spinnen in ihrem Lebensraum oder nutzt entsprechende Abbildungen in Zeitschriften. Gestaltet damit eine Bildpräsentation.

4. Ermittelt aus Lexika technische Anwendungen, bei denen Bau- und Leistungsmerkmale von Spinnen nachgestaltet wurden.

Netzbau, Beutefang und Nahrungsaufnahme einer Kreuzspinne

Die *Kreuzspinne* webt etwa alle ein bis zwei Tage frühmorgens ein Netz, in dem manchmal viele funkelnde Tautropfen zu finden sind. Das Bauen erfolgt immer auf die gleiche Weise. Diese Fähigkeit ist ihr angeboren. Sie baut ein **Radnetz**.

5. Beschreibt mithilfe der Abbildung 1 den Bau eines Radnetzes. Nutzt auch Informationen aus dem Internet.

1 ▸
Schrittfolge beim Bau des Netzes

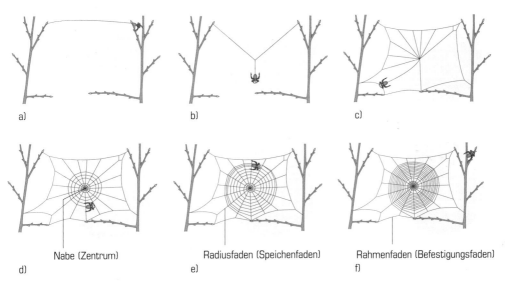

a)   b)   c)

d) Nabe (Zentrum)   e) Radiusfaden (Speichenfaden)   f) Rahmenfaden (Befestigungsfaden)

6. Sucht in einer Hecke, im Garten und an anderen geeigneten Orten nach Spinnennetzen. Fertigt eine grobe Umrissskizze des Fundortes und der verschiedenen Netzformen an.

Die **Hauptnahrung** der *Kreuzspinne* sind u. a. Fliegen und Mücken. Gerät ein solches Insekt in das Netz, werden die Schwingungen des Netzes von der auf der Unterseite der Netzmitte, der Nabe, sitzenden Spinne wahrgenommen. Die Orientierung ermöglichen die an den Beinen befindlichen Sinnesorgane. Die *Kreuzspinne* rennt zu dem Beutetier, überprüft es mit den Kiefertastern und lähmt es mit dem Gift aus den Kieferklauen durch einen Biss. Anschließend wird die Beute umsponnen und in die Netzmitte transportiert (Abb. 2). Jetzt werden Verdauungssäfte in das Beutetier abgesondert, die dessen innere Organe zersetzen. Diese werden vorverdaut und später aufgesaugt (**Außenverdauung**).

7. Berührt vorsichtig das Radnetz einer Spinne nacheinander an verschiedenen Stellen. Beschreibt das Verhalten der Spinne.

8. Beschreibt unterschiedliche Fangmethoden verschiedener Spinnen. Wertet dazu entsprechende Literatur aus.

2 ▸
Kreuzspinne mit Beutetier

Projekt

Pflanzen und Tiere eines Gewässers

Ein Gewässer bietet zahlreichen Lebewesen Lebensraum. Alle im Wasser lebenden Organismen (z. B. Algen, Unterwasserpflanzen, Fische, Krebstiere, tierisches Plankton) sind an die im Wasser herrschenden Lebensbedingungen angepasst.

Man unterscheidet verschiedene Formen der Gewässer, z. B. Seen, Teiche. Sie sind meist in bestimmte **Zonen** gegliedert (s. Abb.). Je nach **Gewässertyp** können diese Zonen unterschiedlich sein. In den einzelnen Zonen leben unterschiedliche Organismenarten.

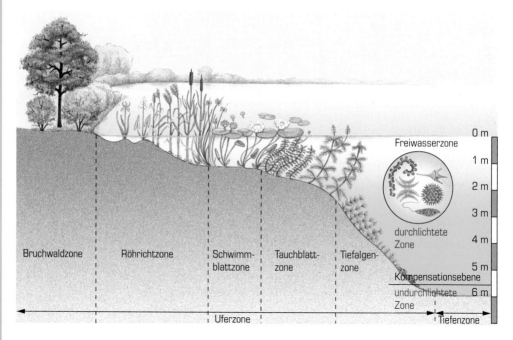

1. Ordnet jeder Zone jeweils zwei dort vorkommende Tier- und Pflanzenarten zu. Begründet deren Angepasstheit an den Lebensraum. Nutzt Internet und Nachschlagewerke.

Zone	Pflanzenart	Tierart

2. Zeichnet einen Fisch und einen Wasservogel in den Hefter. Nutzt dazu entsprechende Abbildungen. Erstellt einen Steckbrief dieser beiden Tiere. Beschreibt an je drei Körpermerkmalen, wie diese Tiere an den Lebensraum Wasser angepasst sind.

3. Befragt Angler oder Fischer, welche Fischarten im See zu finden sind. Ordnet sie in Fried- und Raubfische. Begründet eure Zuordnung.

Zwischen den **Lebewesen eines Sees** bestehen vielfältige Beziehungen. Diese **Wechselbeziehungen** werden besonders deutlich, wenn man fragt „Wer frisst wen?".

Infolge der **Nahrungsbeziehungen** bestehen zwischen den Organismen eines Sees zahlreiche Abhängigkeiten, die in einfachen **Nahrungsketten** bzw. **komplexen Nahrungsnetzen** ihren Ausdruck finden.

4. Versucht Nahrungsketten bzw. Nahrungsnetze in einem See aufzustellen. Begründet sie.

5. Am Anfang von Nahrungsketten stehen immer Pflanzen mit Chlorophyll. Begründet, warum das so ist.

Die spezifischen Lebensbedingungen in einem Gewässer haben zu vielfältigen Anpassungen der Organismen geführt. Manche Lebewesen sind sehr eng an bestimmte Lebensbedingungen angepasst. Sie kommen deshalb nur in Gewässern vor, in denen diese Lebensbedingungen gegeben sind. Deshalb können bestimmte Organismen als **Zeigerarten** für die Beurteilung der **Wassergüte** dienen.

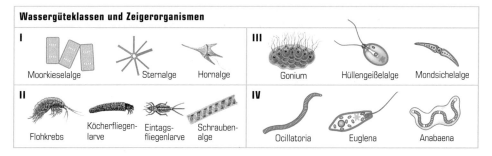

Wassergüteklassen und Zeigerorganismen

I Moorkieselalge — Sternalge — Hornalge

III Gonium — Hüllengeißelalge — Mondsichelalge

II Flohkrebs — Köcherfliegenlarve — Eintagsfliegenlarve — Schraubenalge

IV Ocillatoria — Euglena — Anabaena

6. Untersucht die Güte eines Gewässer in der näheren Umgebung.
   Material: Thermometer, Schraubglas, Kompass, Stifte, Schreibblock, Bestimmungsbuch
   Durchführung:
   • Notiert Tag und Uhrzeit der Untersuchung.
   • Messt die Temperatur der Luft und des Wassers.
   • Beobachtet und notiert, welche Tiere sich an dem Gewässer aufhalten.
   • Nehmt eine Wasserprobe aus dem Uferbereich im Schraubglas mit.
   • Macht eine Geruchsprobe des Wassers. (Riecht es frisch oder faulig?)
   • Notiert das Aussehen des Wassers (Farbe, Schwebeteilchenmenge).
   • Mikroskopiert in der Schule die Wasserprobe. Findet mit geeigneten Bestimmungshilfen (z. B. Bestimmungsbuch, Software) heraus, welche Kleinstlebewesen in dem Gewässer leben.
   • Informiert euch über die verschiedenen Wasserqualitäten (Nachschlagewerke). Welcher Qualität würdet ihr eure Wasserprobe zuordnen? Begründet eure Entscheidung.

Projekt

Mikroorganismen

Je nachdem wo man Wasser betrachtet, erscheint es trübe, milchig, kristallklar oder tiefblau. Egal, wie es aussieht, in kürzester Zeit entwickelt sich in diesem Wasser eine artenreiche und formenreiche Welt von **Mikroorganismen.** Mit bloßem Auge sind die winzigen Lebewesen kaum zu sehen. Sie sind nur wenig schwerer als Wasser und werden meist nur durch die Wasserströmung in Bewegung gesetzt. Man bezeichnet solche Kleinstlebewesen als **Plankton** (griech. = das Umhergetriebene).

Um diese Kleinstlebewesen zu beobachten, benötigt man ein Mikroskop. Außerdem müssen verschiedene Verfahren angewendet werden, um diese Kleinstlebewesen zu fangen.

1. Entnehmt Proben von verschiedenen Stellen eines Gewässers (nahe gelegener Tümpel, Teich, Pfütze). Gebt die Proben mit den gefangenen Organismen in Gläser. Diese dürfen nur mit 5 cm Wasser gefüllt sein, damit sich genügend Sauerstoff der Luft im Wasser lösen kann.

2. Entnehmt jeweils eine Wasserprobe.
   a) Gebt die Wasserproben je auf einen Objektträger und betrachtet die Probe mithilfe eines Mikroskops.
   b) Fertigt von jeder Probe mikroskopische Zeichnungen an.
   c) Versucht die Kleinstlebewesen, die ihr in der Proben erkennen könnt, mithilfe der Abbildungen zu bestimmen.
   d) Lasst die Kleinstlebewesen nach der Untersuchung wieder frei.

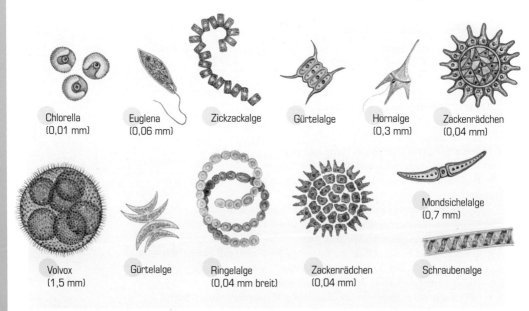

Chlorella (0,01 mm)   Euglena (0,06 mm)   Zickzackalge   Gürtelalge   Hornalge (0,3 mm)   Zackenrädchen (0,04 mm)

Volvox (1,5 mm)   Gürtelalge   Ringelalge (0,04 mm breit)   Zackenrädchen (0,04 mm)   Mondsichelalge (0,7 mm)   Schraubenalge

1 ▸ Beispiele für im Wasser lebende Mikroorganismen mit Chlorophyll (Plankton mit Chlorophyll)

W

Besonders wichtig ist das **Plankton mit Chlorophyll.** Denn es produziert mithilfe des Sonnenlichtes **organische Stoffe** (z. B. Traubenzucker) und **Sauerstoff**. Dadurch wird der Sauerstoffgehalt des Wassers reguliert. Der Sauerstoff im Wasser ist wichtig u. a. für die **Atmung** der Fische. Durch die Bildung von organischen Stoffen ist das Plankton mit Chlorophyll Nahrungsquelle u. a. für Kleinkrebse und Jungfische.

3. Plankton mit Chlorophyll ist wichtig für alle anderen Lebewesen in einem Gewässer. Erläutert diese Aussage anhand von Beispielen. Nutzt dazu auch euer Wissen über Nahrungsbeziehungen.

4. Vergleicht tierisches Plankton und Plankton mit Chlorophyll.

Alle Kleinstlebewesen haben eine wichtige Aufgabe in ihrem jeweiligen Lebensraum.
Der *Wasserfloh* verdankt seinen Namen z. B. seiner hüpfenden Fortbewegung durch das Wasser. Das kommt durch am Kopf ansetzende Ruderantennen zustande. Eigentlich sind sie aber Kleinkrebse. Als Nahrung nimmt er mit seinen Filterbeinen feine Schwebstoffe des Wassers auf und reinigt es auf diese Weise. Der *Wasserfloh* ist in seinem Lebensraum (Tümpel, Teich) Nahrung für andere Tiere.

Tipp: Wieso heißt das Pantoffeltierchen eigentlich Pantoffeltierchen?

5. Versucht von anderen Kleinstlebewesen einige interessante Dinge über Bau, Namensgebung, Nahrung und Bedeutung herauszubekommen. Nehmt Nachschlagewerke oder das Internet zur Hilfe.

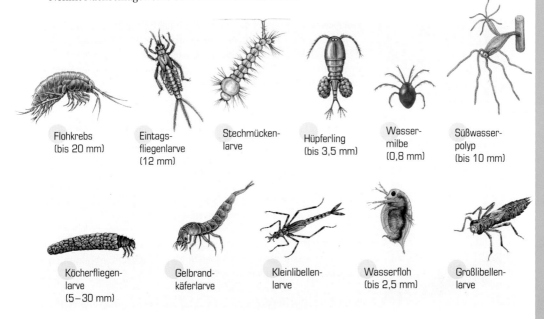

Flohkrebs (bis 20 mm) — Eintagsfliegenlarve (12 mm) — Stechmückenlarve — Hüpferling (bis 3,5 mm) — Wassermilbe (0,8 mm) — Süßwasserpolyp (bis 10 mm)

Köcherfliegenlarve (5–30 mm) — Gelbrandkäferlarve — Kleinlibellenlarve — Wasserfloh (bis 2,5 mm) — Großlibellenlarve

1 ▸ Beispiele für im Wasser lebende wirbellose Tiere unterschiedlicher Gruppen (tierisches Plankton)

Fächerverbindendes Thema

Sehen – Orientieren – Reagieren

Unsere Sinnesorgane (Augen, Ohren, Geruchsorgan, Geschmacksorgan, Wärme- und Kältepunkte) ermöglichen uns eine Orientierung in der uns umgebenden Welt: Wir sehen, wo wir uns befinden. Geräusche und Sprache nehmen wir mit den Hörsinneszellen wahr. Gerüche können wir mit speziellen Zellen in der Nase erfassen. Mit den Sinneszellen auf der Zunge stellen wir verschiedene Geschmacksrichtungen fest. Spezielle Rezeptoren in der Haut sorgen dafür, dass wir warm und kalt unterscheiden können.

Das Temperaturempfinden verschiedener Personen ist unterschiedlich.

1. Mit Sinneszellen in der Haut empfinden wir eine bestimmte Lufttemperatur als angenehm oder als nicht angenehm.
   Im Wetterbericht wird manchmal neben der Temperatur auch die gefühlte Temperatur genannt. Erkundet, was man darunter versteht. Nutzt dazu das Internet, z. B. die Adresse **www.schuelerlexikon.de.**

2. Behinderungen von Menschen können dadurch zustande kommen, dass bei ihnen bestimmte Sinnesorgane nicht oder nicht richtig funktionieren.
   a) Stellt eine Übersicht zusammen, welche Behinderungen durch Ausfall von Sinnesorganen zustande kommen.
   b) Diskutiert darüber, wie man sich gegenüber einer Person mit einer solchen Behinderung verhalten sollte.

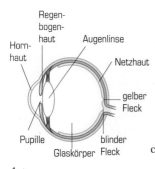

1 ▸
Schnitt durch das menschliche Auge

Ein wichtiges Sinnesorgan – das Auge

Mehr als 50 % der Informationen über unsere Umgebung nehmen wir mit den Augen auf. Wir erkennen, ob es hell oder dunkel ist, ob Gegenstände groß oder klein sind, wie weit Personen von uns entfernt sind, welche Farbe ihre Kleidung hat. Das menschliche Auge ist ein relativ kompliziert aufgebautes Organ, das sich gut unterschiedlichen Bedingungen anpassen kann.

3. Ermittelt die Farbe der Regenbogenhaut (Augenfarbe) von Mitschülern. Fertigt dazu eine Übersicht an.
   Wie verändert sich die Größe der Pupille bei unterschiedlicher Beleuchtung? Was wird dadurch bewirkt?

4. Untersucht an einem Augenmodell (s. Abb. links), wie das Bild eines Gegenstandes im menschlichen Auge entsteht.

Die Erregung wird von der Netzhaut zum Gehirn weitergeleitet und dort verarbeitet. Deshalb gilt: Sehen ist mehr als die optische Abbildung der Wirklichkeit auf der Netzhaut.

5. Betrachtet 10 s lang gemeinsam ein Bild. Beschreibt und vergleicht das Gesehene. Welche Folgerungen kann man daraus ableiten?

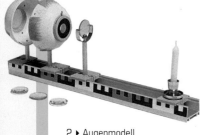

2 ▸ Augenmodell

W

Fächerverbindendes Thema

Farbensehen und beidäugiges Sehen

Für das farbige Sehen sind die etwa 6 Millionen Zapfen verantwortlich. Davon gibt es drei Arten: die einen sind für rotes Licht
am empfindlichsten, die anderen für blaues bzw. für grünes
Licht. Wenn farbiges Licht auf die Zapfen fällt, so werden die
lichtempfindlichen Zellen gereizt und diese Erregung an das
Gehirn weitergeleitet. Es ergibt sich ein Farbeindruck, der sich
aus den Grundfarben Rot, Grün und Blau zusammensetzt.

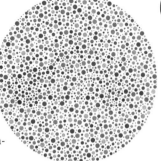

6. Zur Prüfung der Farbwahrnehmung nutzen Optiker oder Augen-
   ärzte spezielle Farbtafeln.
   a) Was ist auf der oben stehenden Farbtafel abgebildet?
   b) Begründet, warum man mit solchen Farbtafeln die Farbtüchtigkeit
      prüfen kann.

Manchmal glauben wir etwas zu sehen, was in Wirklichkeit anders ist, als
wir es wahrnehmen. Solche „falschen" optischen Eindrücke bezeichnet
man als **optische Täuschungen.** Besonders häufig treten Richtungstäuschungen auf. Sie führen dazu, dass wir meinen,
• gerade oder parallele Linien seien nicht gerade oder parallel und
• regelmäßig geformte Figuren (Kreis, Quadrat) seien nicht regelmäßig.

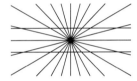

*Sind die beiden waagerechten
Linien gekrümmt oder gerade?
Prüfe mit einem Lineal.*

Ursache für solche Richtungstäuschungen sind meist weitere Linien, die
in ihrer Gesamtheit einen falschen Eindruck bewirken.

7. Sucht weitere Beispiele für Richtungstäuschungen und diskutiert sie.

Nicht selten täuschen wir uns auch über die Größe von Personen und
Gegenständen oder über die Länge von Strecken (s. Abb rechts.).

8. Vergleicht die Länge der Strecken $\overline{AB}$ und $\overline{BC}$ in der neben stehenden Abbildung.
   Zieht Schlussfolgerungen.

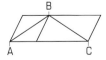

9. Erkundet, welche weiteren optischen Täuschungen es gibt.
   Nutzt dazu das Internet, beispielsweise die folgende Adresse
   www.schuelerlexikon.de.

*Sind die Strecken $\overline{AB}$ und $\overline{BC}$
gleich lang?*

Bildquellenverzeichnis

akg-images: 103/2, 137/2; archivberlin Fotoagentur GmbH: 48/3; Archiv LfUG, H. Voigt, Dresden: 84/2; Archiv LfUG, J. Settele, Dresden: 84/4; Archiv LfUG, H. Rank, H., Dresden: 84/3; BASF Agrarzentrum, Limburger Hof: 12/2; Bayer AG: 61/3; Berliner Wasserbetriebe: 139/1; Bibliographisches Institut & F. A. Brockhaus, Mannheim:13/2 u. 3; A. Biedermann, Berlin: 39/5; Bildagentur Mauritius: 13/4, 17/1, 78/2, 87/1, 95/1, 99/3 u. 4,103/1, 127/3, 133/3; Bildagentur Waldhäusl: 6/1, 19/2, 118/1; Bildarchiv Pflanzen: 7/1; blickwinkel/Hecker/Sauer: 82/2, 91/1; blickwinkel/J. Meul: 74/1, 76/1; blickwinkel/Meul/Van Cauteren: 74/2; Dr. S. Brezmann, Hamburg: 7/4, 16/5, 23/3, 61/3, 130/1; Prof. Dr. W. Bricks, Erfurt: 59/2; Corbis, London und Düsseldorf: 59/1; Corel Photos Inc.: 16/4, 34/3 u. 5, 35/4, 56/2, 65/3, 73/3, 87/2, 98/1, 99/1, 151/2, 158/1; Chrile/mauritius images: 78/2, 87/1; Danner GmbH, Kirchheim/Christian Link, Augsburg: 16/3; B. Dapprich, Amstetten, Österreich: 61/1; Duden Paetec GmbH, Berlin: 90/3, 93/1 u. 2, 99/5, 102/3, 111/2, 118/2-4, 133/1 u. 2, 137/1; Düngekalk-Hauptgemeinschaft: 56/1; W. Eisenreich, Gilching: 16/1, 65/2, 66/2, 73/1; eye of science/Meckes/Ottawa/Reutlingen: 110/1; FloraFoto, Langenhagen/www.botanikus.de: 13/1; Floramedia/bifab: 32/2, 90/2, 146/1; FOCUS Foto- und Presseagentur GmbH, Hamburg: 95/4; Dr. T. Geisel, Paulinenaue: 26/1, 35/1-3, 57/1; H. R. Gelderblom, Robert-Koch-Institut Berlin: 135/2; Getty Images/David Aubrey: 142/1; C. Griesche, Mekkenheim: 54/2; H.-W. Grömping, Borken: 17/3; Dr. A. Hartmann, Braunschweig: 101/1; Prof. Dr. F. Horn, Rostock: 16/1, 38/2, 39/2, 55/1; Instituto Geografico de Agostini Novara: 131/2; O. Jaurich, Braunschweig: 128/3; W. Klaeber, Rangsdorf: 44/2; Landesforstpräsidium Sachsen/ Pirna/OT Graupa: 54/3; Lichtwer Healthcare GmbH & Co. KG, Berlin: 7/5, 9/1, 17/4; Dr. G. Liesenberg, Berlin: 20/1, 65/4, 82/1, 143/2; Mikroalgen: Biotechnologie phototropher Mikroorganismen. Bergholz-Rehbrücke - Institut für Lebensmittel- und Umweltforschung e.V.: 129/1; G. Müller: 38/1, 40/1; Natura 2000 Medienservice GmbH: 34/1; Naturfotografie Frank Hecker: 17/1, 39/3, 49/1 u. 3, 116/2, 143/1; www.naturganznah.de/Deuerling: 31/1-3, 32/1, 43/1 u.2; K. Paysan/mauritius images: 13/4; Dr. H.-U. Pews, Berlin: 39/1; Photo Disc, Royalty Free Inc.: 36/1, 38/3, 48/1, 53/2, 81/3, 97/3, 156/1; Phototake/mauritius images: 95/1, 99/3 u. 4, 127/2, 133/1; PHYWE Systeme, Göttingen: 100/1, 108/1, 109/1; picture-alliance/dpa: 60/1, 66/4, 67/1, 103/4, 119/1, 127/2; picture-alliance/OKAPIA KG, Germany: 22/1, 28/1, 62/1, 63/1, 87/4, 111/1, 159/2; picture-alliance/ZB: 103/4; Prof. Dr. W. Probst, Flensburg: 66/3, 107/1, 114/1-4, 127/1, 138/1; Dr. B. Raum, Neuenhagen: 19/1, 53/3, 59/3; C. Ruppin, Berlin: 23/1, 24/1; Prof. Dr. U. Sedlag, Eberswalde: 64/1, 90/1; Silvestris Fotoservice, Kastl: 93/4; 2000 Staatliche Landesbildstelle Südbayern, München: 16/2; H. Theuerkauf, Gotha: 4/1, 17/2, 23/2, 39/4, 42/3, 45/3, 64/2 u.3, 80/1-3, 81/1 u.2, 82/2, 93/3, 97/2, 99/2, 102/4, 106/1 u. 2, 109/3, 111/5, 113/1a, 1b, 114/5, 116/1,3-4, 117/1-4, 132/2, 134/2, 149/3; Tierbildarchiv Angermayer, Holzkirchen: 34/2 u. 4, 49/2, 64/4 u.5, 65/1, 66/1, 73/2, 82/3, 84/1, 87/3, 94/1, 149/4, 150/2c-d, 158/2; B. Weidemann, Berlin: 103/3; Wisniewski/mauritius images: 48/2; K. G. Vock/picture-alliance/Okapia: 159/2; J. Volmar, Schloss Holte-Stukenbrock: 53/1; WGV Verlagsdienstleistungen, Weinheim: 102/1; Prof. Dr. E. Zabel, Güstrow: 113/1c-3, 118/5; K.-H. Zeitler, München: 65/5, 150/2a-b, 150/3

Titel: Corel Photos Inc.

Der Wald als Lebensgemeinschaft

Die Lebensgemeinschaft ist eine Gemeinschaft von Lebewesen
(u. a. Pilze, Pflanzen, Tiere), die sich aufgrund ähnlicher
Lebensbedingungen in einem Lebensraum befinden, sich
gegenseitig beeinflussen und voneinander abhängig sind.
In der Lebensgemeinschaft Wald beispielsweise zeigen sich die
gegenseitige Beeinflussung und die Abhängigkeit von Lebewesen
besonders deutlich an der Lebenserscheinung Ernährung.

Nahrungskette im Ökosystem Wald

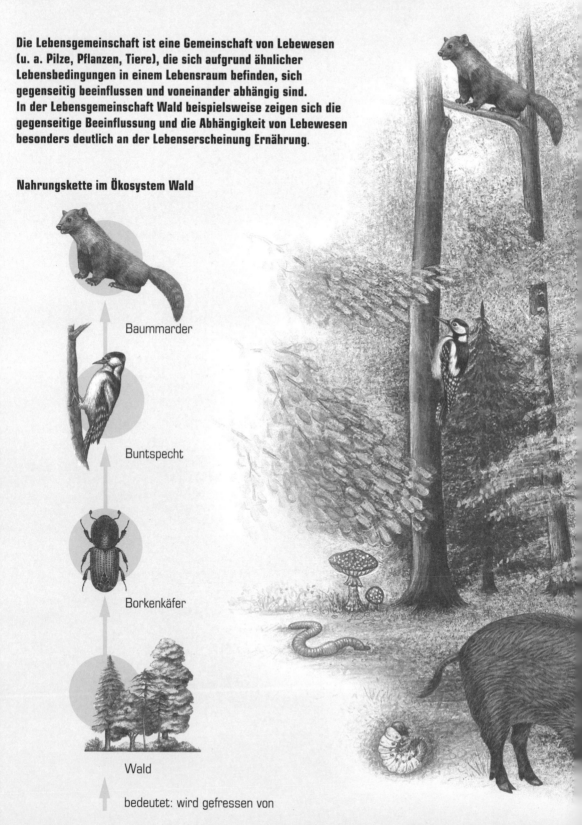

Baummarder

Buntspecht

Borkenkäfer

Wald

bedeutet: wird gefressen von